"十二五"职业教育国家规划教材

经全国职业教育教材审定委员会审定

本书荣获第四届"物华图书奖"

Wuliu Kehu Fuwu
物流客户服务

（第三版）

石小平 主　编

金　涛　伍云辉　副主编

阎叶琛 主　审

人民交通出版社股份有限公司
China Communications Press Co.,Ltd.

内 容 提 要

本教材是"十二五"职业教育国家规划教材,根据我国高等职业院校学生的特点和培养目标,以讲述物流客户服务的基础知识、培养基本操作技能为主,同时贯穿物流客户服务全过程的客户关系管理与客户绩效考核方面内容的介绍,力求对物流客户服务的基本理论作较为全面、系统、科学的阐述,使学生对物流客户服务基本知识和业务流程有全面、立体的认识。

本教材可作为高等职业教育物流管理专业的核心专业课教材,也可作为相关专业的选修课教材和物流客服岗位在职人员的培训用书。

图书在版编目(CIP)数据

物流客户服务 / 石小平主编. — 3 版. — 北京：
人民交通出版社股份有限公司,2015.3
"十二五"职业教育国家规划教材
ISBN 978-7-114-11886-9

Ⅰ.①物… Ⅱ.①石… Ⅲ.①物资企业—企业管理—销售管理—高等职业教育—教材 Ⅳ.①F253

中国版本图书馆 CIP 数据核字(2014)第 282877 号

"十二五"职业教育国家规划教材

书　　名：	物流客户服务(第三版)
著作者：	石小平
责任编辑：	司昌静　任雪莲
出版发行：	人民交通出版社股份有限公司
地　　址：	(100011) 北京市朝阳区安定门外外馆斜街 3 号
网　　址：	http://www.ccpress.com.cn
销售电话：	(010) 59757973
总 经 销：	人民交通出版社股份有限公司发行部
经　　销：	各地新华书店
印　　刷：	北京鑫正大印刷有限公司
开　　本：	787×1092　1/16
印　　张：	9.75
字　　数：	210 千
版　　次：	2007 年 8 月　第 1 版 2012 年 6 月　第 2 版 2015 年 3 月　第 3 版
印　　次：	2017 年 6 月　第 3 版　第 3 次印刷　总第 7 次印刷
印　　数：	12501—14500 册
书　　号：	ISBN 978-7-114-11886-9
定　　价：	32.00 元

(有印刷、装订质量问题的图书由本公司负责调换)

高职高专工学结合课程改革规划教材

编审委员会

主　任：鲍贤俊（上海交通职业技术学院）
副主任：施建年（北京交通运输职业学院）
专　家（按姓氏笔画排序）：

孔祥法（上海世纪出版股份有限公司物流中心）　　刘　念（深圳职业技术学院）
严南南（上海海事大学高等技术学院）　　　　　　杨志刚（上海海事大学交通运输学院）
逄诗铭（招商局物流集团易通公司）　　　　　　　贾春雷（内蒙古大学交通职业技术学院）
顾丽亚（上海海事大学交通运输学院）　　　　　　黄君麟（云南交通职业技术学院）
薛　威（天津交通职业学院）

委　员（按姓氏笔画排序）：

毛晓辉（山西交通职业技术学院）　　　　石小平（湖北交通职业技术学院）
刘德武（四川交通职业技术学院）　　　　向吉英（深圳职业技术学院）
孙守成（武汉交通职业学院）　　　　　　曲学军（吉林交通职业技术学院）
朱亚琪（青海交通职业技术学院）　　　　祁洪祥（南京交通职业技术学院）
许小宁（云南交通职业技术学院）　　　　严石林（湖北交通职业技术学院）
吴吉明（福建船政交通职业学院）　　　　吴毅洲（广东交通职业技术学院）
李建丽（河南交通职业技术学院）　　　　李艳琴（浙江交通职业技术学院）
肖坤斌（湖南交通职业技术学院）　　　　武　钧（内蒙古大学交通职业技术学院）
范爱理（安徽交通职业技术学院）　　　　赵继新（广西交通职业技术学院）
郝晓东（上海交通职业技术学院）　　　　袁炎清（广州航海高等专科学校）
阎叶琛（陕西交通职业技术学院）　　　　黄　浩（江西交通职业技术学院）
黄碧蓉（云南交通职业技术学院）　　　　程一飞（上海交通职业技术学院）
楼伯良（上海交通职业技术学院）　　　　谭任绩（湖南交通职业技术学院）

秘　书：

任雪莲　司昌静（人民交通出版社股份有限公司）

前　言

根据2013年8月教育部《关于"十二五"职业教育国家规划教材选题立项的函》(教职成司函〔2013〕184号),本教材获得"十二五"职业教育国家规划教材选题立项。

本教材编写人员在认真学习领会《教育部关于"十二五"职业教育教材建设的若干意见》(教职成〔2012〕9号)、《高等职业学校专业教学标准(试行)》《关于开展"十二五"职业教育国家规划教材选题立项工作的通知》(教职成司函〔2012〕237号)等有关文件的基础上,结合当前高等职业教育发展和物流行业发展的实际情况,对第二版做了全面修订,形成了本教材的第三版。

随着我国经济的发展,物流行业的竞争越来越激烈,物流经营者逐渐认识到保持核心竞争力的焦点是抓住客户,提升物流服务水平成为其获得竞争优势的必然选择。因此,物流客户服务的教育就提到了非常高的地位。

本教材是高职高专工学结合课程改革规划教材,是在各高等职业院校积极践行和创新先进职业教育思想和理念,深入推进"校企合作、工学结合"人才培养模式的大背景下,由交通职业教育教学指导委员会交通运输管理专业指导委员会根据新的教学标准和课程标准组织编写的。

本教材根据我国高等职业院校学生的特点和培养目标,以讲述物流客户服务的基础知识、培养基本操作技能为主,同时贯穿物流客户服务全过程的客户关系管理与客户绩效考核方面内容的介绍,力求对物流客户服务的基本理论作较为全面、系统、科学的阐述,使学生对物流客户服务基础知识和业务流程有全面、立体的认识。本教材在编写过程中突出以下特点:

(1)充分汲取各高职高专院校在探索培养高等技术应用型人才方面取得的成功经验和教学成果,从岗位分析入手,确定课程内容。

(2)兼顾理论性与实用性。本教材在内容和深度上充分考虑了我国物流专业人才培养的需要和大部分高等职业院校物流专业的师资条件,以物流客户管理与服务岗位为中心,围绕物流客户关系管理业务流程,解析了大量经典的实际案例,数据真实、图文并茂,体现可操作性,突出实战性。

(3)简练性与创新性。本教材在结构上进行了适当的取舍和调整,重点研究物流客户开发、物流客户接待和投诉处理以及客户关系维护技巧。每个学习任务由案例导入、教学内容、技能训练准备、思考练习等主要内容构成,内容新颖,有一定的创新性,既为读者拓展相关知识提供了前沿资料,也为教学活动提供了课堂讨论素材。

  本教材共分六个部分:第一部分为认识物流客户服务;第二部分为物流客户开发与拜访;第三部分为物流客户接待;第四部分为物流客户投诉处理;第五部分为物流客户关系维护;第六部分为物流客户服务绩效与风险评价。

  本教材由石小平担任主编,金涛、伍云辉担任副主编。编写分工为:湖北交通职业技术学院石小平编写任务一;陕西交通职业技术学院吴燕编写任务二;云南交通职业技术学院张佳旖编写任务三,云南交通职业技术学院周雯编写任务四,湖北交通职业技术学院金涛编写任务五;陕西交通职业技术学院刘晗兵编写任务六。湖北捷龙高速运输有限公司伍云辉就物流客户服务实践对本教材提出了许多宝贵意见。全书由石小平统稿,陕西交通职业技术学院阎叶琛主审。

  本教材在编写过程中借鉴、引用了大量的国内外文献,在此对作者表示真诚的感谢。由于编者水平有限,加之编写时间仓促,教材中难免存在疏漏和不足之处,恳请广大同行和读者批评指正,以便修订时日臻完善。

编 者

2015 年 1 月

目　　录

项目一　认识物流客户服务 ... 1
　　任务一　认识客户服务 ... 2
　　任务二　认识物流客户服务 ... 6
　　任务三　了解物流客户服务部门 ... 9
　　任务四　物流客服人员职业要求 ... 16

项目二　物流客户开发与拜访 ... 21
　　任务一　物流客户需求分析 ... 22
　　任务二　物流客户开发流程 ... 27
　　任务三　物流客户拜访技巧 ... 34
　　任务四　物流客户沟通技巧 ... 40

项目三　物流客户接待 ... 47
　　任务一　客户接待礼仪知识 ... 48
　　任务二　物流客户接待流程 ... 56
　　任务三　物流客户来访、来电、来函处理 ... 62

项目四　物流客户投诉处理 ... 79
　　任务一　受理物流客户投诉 ... 80
　　任务二　处理物流客户投诉 ... 88
　　任务三　投诉处理后服务跟进 ... 94

项目五　物流客户关系维护 ... 103
　　任务一　物流客户细分 ... 104
　　任务二　物流客户满意度 ... 110
　　任务三　物流客户忠诚度 ... 116
　　任务四　物流客户流失处理 ... 120

项目六　物流客户服务绩效与风险评价 ... 127
　　任务一　物流客户服务绩效指标 ... 128
　　任务二　物流客户服务绩效评价 ... 131
　　任务三　物流客户风险相关知识 ... 135
　　任务四　物流客户信用评价与实施 ... 140

参考文献 ... 146

项目一　认识物流客户服务

内容简介

物流企业开发市场最有效、成本最低的一种方法,就是提供优质的客户服务。无论企业规模大小、产品(服务)简单或者复杂,客户服务都已经成为物流企业参与竞争的法宝。本部分首先阐述了客户服务的定义和重要性以及做好客户服务的要点;在此基础上,重点说明了物流客户服务的定义、物流客户服务构成的要素、物流客户服务岗位职责;最后说明要提高服务质量,做到优质服务,物流客户服务人员的素质是关键。为此,要明确物流客户服务人员的基本素质要求。

教学目标

1. 知识目标

(1)了解客户服务基本知识;

(2)掌握物流客户服务的概念和物流客户服务包含的要素;

(3)掌握物流客户服务人员素质要求。

2. 技能目标

(1)能了解客户服务基本概念;

(2)能掌握物流客户服务包含的要素;

(3)能编写物流客户服务人员岗位职责;

(4)能编写物流客户服务人员岗位素质要求说明。

案例导入

美国陆军第八师在修建水利工程时,客户服务人员给工地附近居民拨打了电话,这段电话的录音是这样的:您好,夫人,请原谅打扰您。我们在炸掉这座水坝让河改道的过程中,不可避免地会产生一点尘土和噪声,敬请谅解。我们准备在施工区的外围栽种一些花草树木,您不反对吧?很高兴为您服务。如果您能顺便填写这份市民满意度调查表,我们会非常感激。我们非常希望成为您在做决定时的帮手,祝您快乐。

从这段电话录音中会发现一个有趣的现象,做工兵的搞建筑也需要做客户服务。他们有一个专门的客户服务部门,而且是经过专业培训的客户服务部门,负责打电话。

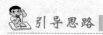

(1)本案例中,美军是如何说服工地附近居民的?
(2)这对服务企业有什么启示?

任务一 认识客户服务

(1)利用互联网,收集企业客户服务资料;
(2)由小组讨论,总结客户服务定义;
(3)选择某个物流企业,分析其组织结构及客户服务部门岗位职责;
(4)由小组讨论,总结物流客户服务人员基本素质要求。

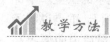

可采用讲授、情境教学、案例教学和分组讨论等方法。

一 客户服务内容的确定

1. 情境设置

在老师统一指导下,对有关服务企业的客户服务部门进行调查,了解客户服务方面的相关资料,并以小组为单位组织研讨、分析,在充分讨论的基础上,形成小组的课题报告。

2. 技能训练目标

了解客户服务的定义,重点明确客户服务的核心。

3. 相关理论知识

市场经济的发展,导致市场竞争日趋激烈,企业力图在产品上取得某种竞争优势已越来越困难,为客户尽可能地提供周到满意的服务,逐渐成为企业竞争的焦点。

客服部不只是处理客户的抱怨与申诉,还必须更积极地扮演为客户服务的角色。其角色也由以往仅对客户所购买的不良产品进行处理,转换到主动了解客户的需求,为客户服务,妥善处理客户的问题与抱怨,积极进行客户满意度调查,追求客户最大的满意度。所以,无论是制造业还是服务业,为了满足客户的需求并让客户满意,一定要做好客户服务工作。

1)客户服务的几种理解

(1)科特勒:服务是一方能够向另一方提供的基本无形的任何行为或绩效,并且不导致任何所有权的产生。它的生产可能与某种物质产品相联系,也可能毫无联系。

(2)莱维特:能够使客户更加了解核心产品或服务的潜在价值的各种行为和信息。客户服务是以客户为对象,以产品或服务为依托的行为;客户服务的目标是挖掘和开发客户的潜在价值;客户服务的方式可以是具体行为,也可以是信息支持或者价值导向。

(3)管理专家:客户服务是一种活动、绩效水平和管理理念。把客户服务看作是一种活动,意味着客户服务是企业与客户之间的一种互动。在这种互动中,企业要有管理控制能力。把客户服务看作是绩效水平,是指客户服务可以精确衡量,并且可以作为评价企业的一个标准。把客户服务看作是管理理念,则是强调营销以客户为核心的重要性和客户服务的战略性,其运行的基础就是供应链一体化。客户服务是一个过程,它以低廉的方法为供应链提供最大的增值利益。

(4)我们的定义:真正的客户服务就是根据客户本人的喜好使其获得满足,而最终使客户感觉到自身受到重视,并把这种好感铭刻在心里,使之成为企业的忠实客户。

2)客户服务的重要性

在开发市场时,最有效且成本最低的途径之一就是提供优质的客户服务。在当今激烈的市场竞争环境中,商家只提供一种产品或是一项服务是不够的。今天的客户不同于以前的客户,他们很清楚应该怎样选择产品,也明白如果对自己得到的服务不满意,则还有其他能提供更多更好服务的卖方可以选择。他们也知道如果把自己的不满表现出来,可能会得到更加积极的结果。具体来说,客户服务对现代企业的重要性表现在以下几个方面。

(1)全面满足客户的需求。

服务能为购买者带来有形和无形的利益。从本质上来说,客户购买商品并不是为了商品本身,而是为了商品所带来的效用,即商品的使用价值。而服务就是效用的重要组成部分。由于生活水平的提高,人们对服务的要求也越来越高,使得服务内容花样翻新,更加丰富。现代生活的节奏不断加快,也使人们越发需要服务提供更多的便利,以节约时间,提高效率。而且,伴随着科学技术的迅速发展及其在产品生产中的广泛应用,产品的技术越来越难以掌握,产品说明书、使用说明等难以满足客户的需求,企业需要提供安装、调试、培训指导等方面的服务。因此,全面满足客户的需求是以客户为导向的企业必然重视服务的原因之一。

(2)扩大产品销售。

企业和销售人员可以通过提供各种服务来加强和客户的联系,更好地实现销售目标。企业和销售人员提供优质且全方位的服务,可以使客户获得更多的便利,满足客户的需求。这不但可以吸引客户,而且还有利于树立良好的企业形象,使客户增加购买本企业产品的信心,从而扩大产品的销售量。另外,企业和销售人员还可以在销售中为客户及时提供各种信息,使客户增长消费知识、了解市场信息和商品信息、掌握商品的使用方法,以便于客户购买商品。

(3)塑造企业品牌。

靠什么才能使品牌在激烈竞争的市场上独树一帜呢?不同的企业可能有不同的答案。有的企业认为是产品质量。产品质量的确是企业树立品牌的基础。但仅仅靠优良的产品质量已不能吸引更多的客户,因为在商品日益丰富的今天,质量不是客户作出购买决策的唯一依据,况且企业之间产品质量的差距正在逐步缩小、日趋一致,质量优势会随着科技的发展而逐渐减弱。

也有的企业认为是价格,于是让利促销的价格战此起彼伏,愈演愈烈。但是,价格竞争的手段只能奏效一时,而企业却要为此饱尝恶果。研究表明:假如某产品有40%的销售利润,如果为争取顾客而给予10%的折扣,那么销量必须增加33%,才能补偿失去的利润;若折扣为20%,则销量必须翻番,利润才能与原先持平。

如果市场上的所有企业都提供同样高质量的产品,又都向顾客提供同样的让利折扣,并且都是同样的广告投入,那么一家企业要想脱颖而出,关键就在于塑造一个强势品牌,并长久管理它。大量成功企业的实践证明,塑造并管理好一个品牌的最薄弱的环节是客户服务,即增值销售。对于购买周期较长的产品来讲,更是如此。客户服务可以说是21世纪企业塑造强势品牌,从而获得竞争优势,保持长期发展的最有效手段。

(4)提高企业竞争力。

客户光顾企业是为了得到满意的服务,不会在意那些一般的服务。

一般的服务就是他有你有我也有,这种服务只有一般的竞争力。譬如,别的企业搞"三包"服务,你也提出"三包";别人有服务礼貌用语,你也有服务礼貌用语;别人通过了ISO 9000认证,你也通过了认证。当你发现你的竞争对手和你是一样的时候,那你就没有了竞争优势。那什么才是具有竞争力的服务呢?就是你有别人没有,或者你的最好,别人的一般。企业如果能做到这一点,就能获得优于他人的超强竞争力。要想让客户把企业的美名传播出去,就需要有非常出色的客户服务。

3)客户服务的核心要点

客户服务的成功实施与否,与企业是否能够抓住客户服务的核心有很重要的关系。客户服务的核心要素有以下几项。

(1)具有热诚服务的员工。

由于在提供服务的过程中,服务人员的态度、服务方式都会直接影响提供服务的品质,所以一定要慎选员工。而且,由于客户的需求越来越多,甚至有些时候还会提出不合理的要求,因此服务人员除了要有耐心和具有良好的沟通能力外,还要有一颗热诚的心,才能愉悦地做好客户服务工作。

(2)进行全面的教育培训。

服务人员的礼仪、态度,提供服务的作业流程、服务方式,以及相关的专业知识、服务技能等,均需要通过教育培训来培养。

(3)品质与时效并重。

提供服务的时效性,如准时地将快递送达、班机能准点起飞等,都是客户很重视的方面,服务提供者一定要努力满足客户对时效性的需求,这是一项基本服务。

(4)处处为客户考虑。

设立的服务方式要把客户需求作为重要考核指标。客户服务会有许多不同的方式,以往很多企业经常从自己的角度去考虑,而忽略了客户的需求,这就要求企业应站在客户的角度,提供客户所需要的服务。

(5)服务流程的标准化与弹性。

服务流程与作业方式的标准化,有助于品质的维持及员工教育培训。同时,在服务提供过程中也要保持一定的弹性,才能满足多样化的需求。

(6)做好绩效评估。

由于服务人员的服务态度、服务方式以及专业能力等方面会影响到服务品质;因此,服务人员及管理者的绩效就显得很重要。

4. 技能训练准备
(1)学生每5人为一个小组,每个小组选一名组长;
(2)卡片若干张;
(3)教师现场指导;
(4)训练时间安排:2学时。

5. 技能训练步骤
(1)以每位学生为单位,在卡片上写出要调研的内容;
(2)各组通过卡片问询法,收集要调研的问题,问题汇总后明确要调研的内容;
(3)以组为单位完成公司调研内容的确定;
(4)每组派一位代表陈述结果。

6. 技能训练注意事项
(1)一丝不苟,认真填写卡片;
(2)卡片汇总后要进行归类;
(3)调研内容的确定,要有依据、要准确。

二 思考练习

1. 判断题

下面一些例子,哪些是客户服务,哪些不是。
(1)在零售商店里很快就能得到店员的热情问候。　　　　　　　　(　)
(2)复印机坏了,修理人员能在打电话后的一个小时内赶来修理。　　(　)
(3)买了一件衣服,回来以后又不喜欢了,当你去换的时候,店员没有"白眼"。(　)
(4)网上订的酒店和实际不符时,打电话投诉,得到真诚的道歉和及时的解决。(　)
(5)在超市里,为寻找一件小商品而发愁的时候,服务员能够及时地为你指引。(　)
(6)乘火车出行的时候,列车员主动帮你提很重的行李上车。　　　　(　)
(7)买车票的时候,售票员耐心提供咨询。　　　　　　　　　　　　(　)
(8)在银行填错取款单时,营业员能主动帮你更正。　　　　　　　　(　)

2. 简答题
(1)客户服务有哪几种含义?
(2)客户服务重要性体现在哪些方面?
(3)良好的客户服务的核心要点是什么?

3. 案例分析题

美国某花店经理接到一顾客来电,说她订购的20支玫瑰送到她家时迟了一个半小时,而且花已不那么鲜艳了。第二天,那位夫人接到了这样一封信:

亲爱的凯慈夫人:感谢您告知我们那些玫瑰在很差的情况下已到达您家的消息。在此信的附件里,请查找一张偿还您购买这些玫瑰所用的全部费用的支票。

由于我们送货车中途修理的意外耽搁,加之昨天不正常的高温,所以您的玫瑰我们未能按时、保质交货。为此,请接受我们的歉意和保证。我们保证将采取有效措施以防止这类事情的再次发生。在过去的两年里,我们一直把您看作是我们尊敬的顾客,并一直以为您服务感到荣幸。顾客的满意是我们努力争取的目标。请让我们了解怎样更好地为您服务。

您真诚的霍华德·佩雷斯
(经理签名)

问题:

(1)花店为凯慈夫人提供了哪些产品和服务?

(2)日常生活中有哪些服务?(从衣食住行等方面思考)

任务二 认识物流客户服务

(1)利用互联网,收集物流企业资料;

(2)由小组讨论,选择某项物流业务;

(3)了解客户服务基本知识点。

可采用讲授、情境教学、案例教学和分组讨论等方法。

一 物流市场调研内容的确定

1. 情境设置

在老师统一指导下,对有关物流企业的客户服务部门进行调查,了解客户服务方面的相关资料,并以小组为单位组织研讨、分析,在充分讨论的基础上,形成小组的课题报告。

2. 技能训练目标

能够根据物流企业的战略目标、企业状况、目标市场的特点,来了解物流客户服务的内容。

3. 相关理论知识

1)物流客户服务定义

物流客户服务是指物流企业为促进其产品或服务的销售,发生在客户与物流企业之间的相互活动。

2)物流客户服务的构成要素

物流客户服务的构成要素可分为三类:交易前要素、交易中要素和交易后要素,如图1-1所示。

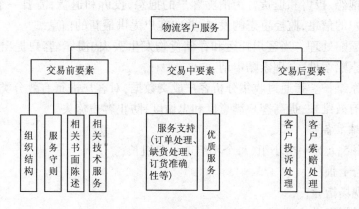

图 1-1 物流客户服务的构成要素

(1) 交易前要素。

交易前要素为物流企业开展良好的客户服务而创造适宜的环境,具体包括:

①客户服务守则的书面说明。客户服务条例以正式文件的形式反映客户的需求,阐明服务的标准,明确每个员工的责任和具体业务内容。

②提供给客户的服务文本。通过该文本,客户可了解到自己能够获得什么样的服务,也可以知道在没有得到应有的服务时该与谁以什么方式联系。

③组织结构。应当有一个较好的组织结构以保障和促进各职能部门之间的沟通与协作。

④系统柔性。物流系统在设计时,要注意柔性和必要的应急措施,以便顺利地响应诸如原材料短缺、自然灾害、劳动力紧张等突发事件。

⑤管理服务。企业应当为客户(特别是中间商)提供购买、存储等方面的管理咨询服务。具体方式包括发放培训手册、举办培训班、面对面咨询等。

(2) 交易中要素。

交易中要素主要指直接发生在交货过程中的物流客户服务活动,主要包括以下内容:

①缺货水平。即对企业产品可得性的衡量尺度。当缺货发生时,物流企业要为客户提供合适的替代产品,或尽可能地从其他地方调运,或向客户承诺一旦有货应立即安排运送。

②订货信息。向客户快速准确地提供所购商品的库存信息、预计的运送日期。

③信息的准确性。客户不仅希望快速获得广泛的数据信息,同时也要求这些关于订货和库存的信息是准确无误的。

④订货周期的稳定性。订货周期是从客户下订单到收货为止所跨越的时间。订货周期包括下订单、订单汇总与处理、货物拣选、包装与配送。

⑤特殊货运。有些订单的配送不能通过常规的运送体系进行,而要借助特殊的货运方式。企业提供特殊货运的成本要高于正常运送方式,但失去客户的代价可能更高。

(3) 交易后要素。

客户服务的交易后要素是物流企业对客户在接收到产品或服务之后继续提供的支持。

①用户的抱怨、投诉和退货。为消除客户的抱怨、投诉和退货,需要一个准确的在线信息系统处理客户的信息,监控事态的发展,并向客户提供最新的信息。

②客户的索赔处理。当客户托运和存储货物发生丢失、损坏,客户提出索赔时,客户服务部负责接收索赔案件,办理索赔申请。

③客户关系维护。指通过收集分析客户成交数据,对客户进行有效分类和管理,并针对优质客户进行有效维护,提高客户满意度和忠诚度,防止客户流失。

4. 技能训练准备

(1)学生每5人为一个小组,每个小组选一名组长;
(2)卡片若干张;
(3)教师现场指导;
(4)训练时间安排:2学时。

5. 技能训练步骤

(1)以每位学生为单位,在卡片上写出要调研的内容;
(2)各组通过卡片问询法,收集要调研的问题,问题汇总后确定要调研的内容;
(3)以组为单位完成公司调研内容的确定;
(4)每组派一位代表陈述结果。

6. 技能训练注意事项

(1)一丝不苟,认真填写卡片;
(2)卡片汇总后要进行归类;
(3)调研内容的确定要有依据、要准确。

二 思考练习

1. 选择题

(1)物流企业客户服务的构成要素有( )。
　　A. 交易前要素　　B. 交易中要素　　C. 交易后要素　　D. 以上全部
(2)物流服务交易前构成要素有( )。
　　A. 客户服务条例说明　　　　　　B. 提供给客户的服务文本
　　C. 组织结构　　　　　　　　　　D. 以上全部

2. 简答题

(1)如何理解物流客户服务?
(2)物流客户服务构成要素有哪些?
(3)物流客户服务交易中构成要素有哪些?

3. 案例分析题

通用汽车公司在美国的14个州中,约有400个供应商负责把各自的产品送到30个装配工厂进行组装,由于货车满载率很低,使得库存和配送成本急剧上升,为降低成本,改进内部物流管理,提高信息处理能力,特委托Penske专业物流公司为它提供3PL(第三方物流)服务。

调查了解半成品的配送路线之后,Penske公司建议通用汽车公司在Cleveland(克利夫兰市)使用一家有战略意义的配送中心,配送中心负责接收、处理、组配半成品,由 Penske 公司派员工管理,同时 Penske 公司也将提供60辆货车和72辆拖车。除此之外,还通过电子数据交换系统帮助通用汽车公司调度供应商的运输车辆以便实现准时配货。为此,Penske 公司设计了一套最优送货路线,增加供应商的送货频率,减少库存水平,改进外部物流活动,运用全球卫星定位技术,使供应商随时了解货物运输车辆的方位。与此同时,Penske 公司通过在配送中心组配半成品后,对装配工厂实施共同配送的方式,既降低货车空载率,又减少通用汽车公司的运输车辆,只保留了一些对 Penske 公司所提供的车队有必要补充作用的车辆,同时也减少了通用汽车公司的运输单据处理费用。

问题:
此案例中 Penske 公司为通用汽车公司提供了哪些具体的物流服务?

任务三　了解物流客户服务部门

(1)利用互联网,收集物流企业资料;
(2)由小组讨论,选择某项物流业务;
(3)了解客户服务基本知识点。

可采用讲授、情境教学、案例教学和分组讨论等方法。

一　物流客户服务部门内容的确定

1. 情境设置

小组通过互联网络及讨论共同组建一个物流公司,确定物流企业组织结构及各部门岗位工作内容,特别是物流客户服务部门岗位职责。

2. 技能训练目标

能够根据物流企业的战略目标、企业状况、目标市场的特点,来确定物流客户服务部门职责。

3. 相关理论知识

1)物流企业的组织结构

(1)组织结构的含义。

企业的组织结构是全面反映组织内各要素及其相互关系的一种模式。它是围绕着组织目标,结合组织的内部环境,将组织的各部分结合起来的框架。组织结构是随着社会的发展而发展起来的,各类组织没有统一的优劣之分,不同的环境、不同的企业、不同的管理者,都有不同的组织结构。目前,企业组织结构的基本形式大致有直线制、职能制、直线职能制、事业部制、矩阵结构、委员会组织等几种。

(2)物流企业的组织结构。

物流企业根据不同情况,可分为不同结构形式。一个业务完整的物流企业组织结构如图 1-2 所示。它是按照职能部门构建的物流企业组织结构,各个部门机构既有严格的职能划分,又互相配合。

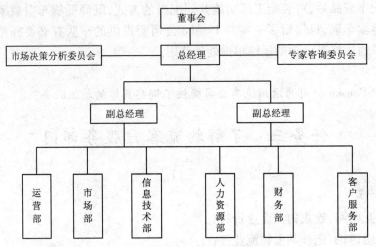

图 1-2 物流企业组织结构图

2)物流企业各职能部门的主要职责(表 1-1)

物流企业各职能部门的主要职责　　　　　　　　　表 1-1

序号	部门	主要职责	备注
1	运营部	全面负责公司物流业务的市场运作和管理; 遵循市场部的运作指南,制作和下达运作手册; 进行各环节的质量、服务和成本控制; 进行授权范围内运作事故处理; 制作运作技术服务并加以实施	协调各部门建立公司内部信息系统,协调各部门工作,建立有效的团队协作机制
2	市场部	制订市场发展战略、目标,组织分解落实相应的公关策略和具体实施方案; 收集资料,进入深入的市场分析,提供市场运作方向性的建议,根据市场现状及同行竞争情况,分析客户需求,形成分析报告,为其他部门提供所需巩固、扩大客户范围和进行客户调查的信息; 与客户沟通、联络,巩固、扩大客户范围,进行客户调查,制订物流方案,上报市场决策分析委员会评估	将相关信息提供给相关部门
3	信息技术部	与客户谈判,签订物流服务合同,综合客户的反馈意见,进行业务宣传和企业形象策划; 负责供应商的采购和评估开发,建立企业物流管理信息系统及其他支持系统; 企业物流系统网络的构建和维护营运,系统及设备安全化保障,系统及设备维护、升级,需求报告的编制	

续上表

序号	部门	主要职责	备注
4	人力资源部	研究市场上同行最新产品的技术发展方向,制订技术发展规划,确定、协调、优化和改善物流企业组织的框架; 构建和倡导企业文化,协调和优化员工队伍及结构; 进行薪酬的设计和管理; 定期对员工进行职业技能和职业操守的培训和教育,招聘新员工	
5	客户服务部	订单的受理、咨询,客户档案的建立、跟进及客户关系的管理、接收,并处理客户的投诉; 激励、评价和考核客户服务专员,复核并监督落实运营指标执行情况,并提出改进意见; 客户的接待工作,并根据客户要求提供相应服务	物流企业中分化出来专门从事客户服务的部门
6	财务部	监督公司所有财务制度的建立和完善,进行资本的运作和流动资金的管理; 对市场部的结算进行管理,及时收取客户物流运作服务费; 对公司所有运作物流业务的效率和效益进行分析,提出成本控制建议	物流企业全部资金及运作、收入和支出的管理部门,深入到企业生产经营各个环节
7	专家咨询委员会	审查运营部提交的支付申请,向供应商支付物流费用; 负责应付款的结算与员工工资的发放等事宜; 为物流企业的发展战略提供专项的咨询服务; 对国家和地区的经济形势、商业发展动态、业界现状和发展趋势以及企业的经营方向和商业模式等进行分析、展望,并将讨论的结果反馈给公司的决策层	
8	市场决策分析委员会	物流企业的市场定位分析; 市场状况评估分析、市场策略分析; 客户订单运作效率分析、目标客户市场前景及客户服务等分析; 几乎所有大型客户,均须经过该市场决策分析委员会评估后,才能签订正式的物流服务合同	

3)物流企业客户服务岗位职责

物流企业的客户服务部是从市场部分离出来的一个专门从事客户服务的部门。在公司成立之初,一般的小公司没有专门的客户服务部,其职能是由市场部来执行。随着公司的发展及竞争的加剧,物流企业专门设立了客户服务部,以满足不同客户的需求。由于客户服务部的设立,因此其中各岗位的职责也必须明确,具体如下。

(1)客户支持岗位职责。

①区域客户经理。

a.负责所辖区域内的客户分析与管理,每月制订区域客户分析报告并上报公司领导。

b.负责所辖区域内的客户支持人员的团队建设,协助各公司客服部经理制订相关制度对支持人员进行管理与考核。

c.区域人员的培训工作,包括:协调与营销部项目经理的大客户支持工作,配合安排优秀的客户经理,做好本区域内大客户开发期的支持与后期工作;负责配合营销部策划举办的物流推介会、大客户俱乐部等营销活动,并策划组织本区域内的客户维护及公关活动;负责大客户的深层次开发。

②大客户经理。

a. 负责维护客户项目组有关成员的选拔与培训工作。

b. 负责所属辖区客户的维护管理及月度分析,按月上报大客户经营情况。

c. 负责配合营销部项目经理做好大客户的支持、维护工作。

d. 负责大客户发货量分析及意见反馈,对客户的需求及同行业竞争保持高度的敏感。

e. 负责大客户的深层次开发。

f. 负责对所辖客户维护组人员的协调管理,制订客户维护方案并组织实施。

g. 负责所辖客户的日常维护及管理,积极协调客户处理各种投诉。

③客户专员。

a. 负责所辖大客户的日常维护及管理,积极协调客户处理各种重大投诉。

b. 负责客户档案建立,配合营销部项目经理做好新大客户的支持、维护工作。

c. 负责大客户发货量的分析及意见反馈,对大客户的需求及同行业竞争保持高度的敏感。

d. 负责大客户的深层次开发,以及对所属辖区客户维护组人员的协调管理,制订客户维护方案并组织实施,负责完成经理交办的其他工作。

(2)投诉岗位职责。

①总公司投诉人员岗位职责。

a. 对全国投诉工作进行全面的监控和管理,制订投诉管理规定、制度及相关文件。

b. 根据案件实质,提出业务操作问题,促进公司业务操作改善,针对案件体现的问题,向相关部门提出可行性建议。

c. 制订投诉工作考核制度及量化评估标准,对全国投诉处理人员进行管理,解答疑难案件处理办法。

d. 根据公司《管理大纲》及相关文件处理投诉、仲裁全国各区之间网络案件,每月对全国投诉处理工作进行总结分析。

②分公司投诉专员工作职责。

a. 执行总公司制订的各项投诉管理规定及管理措施,处理各营业厅上报的投诉案件,配合总公司投诉工作的进行。

b. 针对投诉案件中体现的业务操作问题,应及时向相关部门提出整改意见;同时,将相关问题上报总公司,每月向总公司上报分公司投诉档案及当月投诉工作分析。

c. 对分公司投诉处理工作进行总结分析,建立分公司客户投诉档案,并存有电子版,向总公司上报电子档案。

③基地投诉处理专员工作职责。

a. 有效及时地完成总公司及分公司下达的投诉处理工作,学习总公司下发的投诉通报,通过对投诉案件的分析,提出可行性建议。

b. 根据公司相关规定,对投诉案件中相关责任部门及责任人进行处理,上报总公司进行投诉汇总及各月投诉分析。

c. 针对日常案件体现的业务问题,及时反馈基地相关部门进行整改,配合各分公司投诉案件取证工作的进行。

(3) 保险理赔岗位职责。

① 总公司保险理赔处。

a. 对全国各分支机构的保险理赔工作,进行全面监控和管理,制订公司保险理赔工作的管理文件。

b. 针对保险理赔案例中暴露的问题,及时反馈给有关部门,监督其采取纠正和预防措施,建立公司保险业务资料库,并根据各分支机构提出的保险要求,不断完善。

c. 选择和评价投保的保险公司,负责承运人责任险和全国地域财产险等保险的投保、续保及业务保险的投保工作,并根据保险公司的合作情况,决定与其续保或更改。

d. 对各分支机构的保险理赔工作进行指导和咨询,制订公司对车险、理财险的投保标准,并具体办理总公司统一投保的险种和理赔工作,协助审核、修订销售合同中有关保险索赔条款。

② 分公司保险理赔科。

a. 对本区域所辖营业厅的各项保险及理赔工作,进行全面监控和管理,执行总公司的各项保险理赔工作的管理规定及管理措施。

b. 协助总公司理赔处办理保险索赔工作,并收集相关保险索赔资料,针对理赔案件中暴露出的操作问题,及时向有关部门提出,敦促整改;同时,将有关信息反馈给总公司理赔处。

c. 协助保险公司界定客户的损失,并确定赔偿金额,收集分公司(营业厅)有关保险需求,并及时上报总公司理赔处,审核、修订销售合同中有关索赔条款。

(4) 呼叫中心各岗位职责。

① 座席人员职责。

座席人员包括普通座席人员和项目客户座席人员。

a. 接到咨询电话时,应了解客户的意图,积极向客户介绍公司业务并利用电脑做好记录;接到客户委托时,要了解客户所需,积极为其当好参谋,并尽量将公司的优势业务介绍给客户。

b. 根据客户业务情况报价,开具业务通知单或在系统中录入基本信息,并核对工作单内容,确认客户委托,提醒和督促调度及时安排办理,并跟踪确认办理结果。

c. 各部门在业务操作中出现问题时,应与客户沟通,提出解决办法;客户投诉时,应做好前期的投诉处理并有责任为投诉人员提供必要帮助;客户在查询货物的运输情况时,系统中显示明确的结果直接答复客户,其他情况可以向查询人员查询,并在规定的时间内通知客户,并随时录入系统中。

d. 当客户需要与公司长期合作或扩大合作时,受理员有责任将客户需求及时反馈营销部或公司领导,并及时录入系统中;对于长期合作的客户,如发现有不合理的报价或服务程序不妥时,有责任提出建议。

e. 积极向客户推出保险业务,每日制作保险登记表,并及时传到保险理赔科辅助领导进行相关的资料收集;当客户有转接电话需求时,应积极、热情地为其转接。服从公司安排,按公司规定值班、加班,做好交接班,认真填写业务交接本,正确使用呼叫系统模块,按正常操作程序使用、规范公司用语、规范电话制度,对接听电话实行"首问责任制"。

②查询员岗位职责。

a.负责所有出港货物简单录入、查询及追踪货物的送达信息、上站信息追踪反馈,网络派送,异常情况的处理等,负责特殊客户货物发出的信息反馈。

b.熟知货物发出方式的查询方法,发现未按时出港的货物及时通知并督促发货员立即处理;对异常出港的货物,应协助网络公司尽快查找其下落,同时报受理员通知委托人。

c.当遇到货物破损丢少、到货款拒付等情况时,严禁擅自处理,要与开单受理员或值班员联系处理;熟知货物到达的查询方法,指导物流公司及时提送货。

d.负责货物清单和货物签收单原件的返回收集整理和分拨,统计出港货物的上站率、晚点率、事故差错率,并注明原因;对客户应急查询,要求在规定时间内给予回复,加快反馈速度。

③投诉人员。

a.受理投诉并在规定时间内给出结果并回复客户,将客户反映的服务需求汇总归纳上报客服部经理。

b.根据公司内部理赔制度处理客户投诉,既要保障公司的权益,又要提高客户的满意度,提高处理投诉的质量,整理好客户投诉档案,并进行汇总分析。

c.对于投诉问题进行调查并落实责任人,对座席人员进行投诉内容处理和技巧的指导。

4.技能训练准备

(1)学生每5人为一个小组,每个小组选一名组长;

(2)卡片若干张;

(3)教师现场指导;

(4)训练时间安排:2学时。

5.技能训练步骤

(1)以小组为单位,在卡片上画出物流组织结构及确定物流岗位的内容;

(2)各组通过卡片问询法,收集要确定的问题,问题汇总后确定内容;

(3)以组为单位完成公司组织机构及岗位内容的确定;

(4)每组派一位代表陈述结果。

6.技能训练注意事项

(1)一丝不苟,认真填写卡片;

(2)卡片汇总后要进行归类;

(3)调研内容的确定,要有依据、要准确。

二 思考练习

1.判断题

(1)物流各个部门机构,应该既有严格的职能划分,又互相合作与配合。   (   )

(2)接受并处理客户的投诉是物流财务部工作的职责范畴。   (   )

(3)随着公司的发展及竞争的加剧,物流企业专门设立了客服部门,以满足不同客户的不同需求。   (   )

2. 简答题

(1) 简述物流组织结构的特点。

(2) 简述物流客户服务部设置的岗位及其职责。

(3) 简述物流客户服务部投诉岗位职责。

3. 案例分析题

UPS——美国"联合包裹运送服务公司"的物流服务工作

UPS 始建于 1907 年,从事信函、文件及包裹的快速传递业务。历经百年的发展,公司目前在全球建立了 18 个空运中转中心,每天开出 1600 个航班,使用机场 610 个;UPS 每日上门取件的固定客户已逾 130 万家。UPS 业务量巨大,经济效益可观,在全球快递业中可谓独占鳌头。UPS 之所以取得巨大的经营成功,与其富有特色的物流服务是密切相关的。

1) 货物传递快捷

UPS 规定国际快件三个工作日内送达;国内快件保证在次日上午八时半送达。在美国国内,公司接到客户电话后即可在 1h 内上门取件,并当场办妥托运手续。20 世纪 90 年代,UPS 开设的 24h 服务的"下一航班送达",以其"快递、可靠"的服务准则,获得了"物有所值的最佳服务"声誉。

2) 报关代理和信息服务

UPS 从 20 世纪 80 年代末起投资数亿元建立全球网络和技术基础设施,为客户提供报关代理。UPS 建立的"报关代理自动化系统",使其承运的国际包裹的所有资料进入这个系统,这样,清关手续在货物到达海关之前即已办完。UPS 的电脑化清关为企业节省了时间,提高了效益。

3) 货物及时追踪服务

UPS 的及时追踪系统是目前世界快递业中最大、最先进的信息追踪系统。所有交付货物都能获得一个追踪条码,货物走到哪里,这个系统就跟到哪里,每天都有 1.4 万人次通过网络查寻其包裹的行踪。非电脑网络客户通过电话询问"客户服务中心",路易斯维尔德服务中心昼夜服务,200 多名职员每天用 11 种语言回答世界各地的客户大约 2 万次电话询问。

4) 先进的包裹管理服务

UPS 建立的亚特兰大"信息数据中心"可将 UPS 系统包裹的档案资料从世界各地汇总到这里。包裹送达时,员工借助"传递信息数据中心",使投递实现了无纸化操作。

5) 包装检验与设计服务

UPS 设在芝加哥的"服务中心"拥有各种包装材料,如抗震的、抗挤压的、防泄漏的等应有尽有。服务中心还曾设计水晶隔热层的包装方式,为糖果、巧克力的运输提供恒温保护;用坚韧的编织袋包装,为 16 万台转换器提供了经得起双程磨损的材料。这类服务为企业节省了材料和运费,被誉为"超值服务"。

问题:

(1) UPS 物流服务工作主要包含哪些内容?

(2) 谈谈你对 UPS"超值服务"的认识。

任务四 物流客服人员职业要求

教学要点

(1)利用互联网,收集物流企业资料;
(2)由小组讨论,选择某项物流业务;
(3)了解客户服务基本知识点。

教学方法

可采用讲授、情境教学、案例教学和分组讨论等方法。

教学内容

一、物流市场调研内容的确定

1.情境设置

在老师统一指导下,对有关物流企业的客户服务部门进行调查,搜集物流客户服务人员职业素质要求的相关资料,并以小组为单位组织研讨、分析,在充分讨论的基础上,形成小组的课题报告。

2.技能训练目标

能够根据物流企业的战略目标、企业状况、目标市场的特点,来了解物流客户服务人员的职业素质内容。

3.相关理论知识

1)优质物流客户服务的标准

(1)对客户表示热情、尊重和关注。

优质服务,首先必须具有良好的服务态度,服务态度是指服务人员在服务工作中认识和理解的基础上对顾客的情感和行为倾向。良好的服务态度,会让客户产生亲切感、热情感、朴实感、真诚感。

(2)帮助客户解决问题。

客户最需要的是解决问题。在客户服务中,帮助客户解决问题永远是第一位,因此客服人员解决问题的能力是客户服务的根本。

(3)迅速响应客户需求。

客户的问题一般都会得到解决,但解决问题的快慢给客户带来的感受却有天壤之别。从客服人员的角度而言,对客户的要求给予积极主动的响应,是优质客户服务的标准之一。

(4)持续提供优质服务。

持续提供优质的服务是整个优质客户服务过程中最难获得的一种能力,而服务的标准化以及一致性,是持续提供优质服务的根本保证。当一个企业能够持续地提供优质服务时,它就能够获得客户的信任,并逐步获得一种服务品牌的竞争优势。客户关系也将会变得更加稳定和牢固。

(5)提供个性化服务。

不同的物流客户有不同的观点及期望值,故对于服务的要求也是不同的。提供一种标准化的服务,将不能让更多的客户满意。

2)物流客户服务人员的基本素质

要提高服务质量,做到优质服务,物流客户服务人员的素质是关键。物流客户服务人员应具备的基本素质主要包括技能素质、品格素质和心理素质三个方面。

(1)技能素质要求。

①良好的语言沟通能力。

良好的语言表达能力是实现客户沟通的必要技能和技巧。客户服务中心的客户服务人员在面对每个来电者时,都会因为对象不同或者话题不同而处于不同的沟通环境,优秀的客服人员必须要能及时辨认出来,并提供适当的解决方案,将整个沟通过程彻底掌握。

一个正常运作的客户服务中心每天进线成百上千的电话,客服人员在接听客户电话的第一时间起,就必须要判断客户的情绪。例如:当电话中的客户语气明显愤怒,情绪濒临失控时,那么客服人员就要避免太过强硬的字眼和态度,以免激怒客户,先设法安抚客户的情绪,让客户能平静下来,然后再根据客户需求协助解决问题;当客户来电时声音明显愉快,甚至想和你分享其快乐心情时,客服人员则可以适当称赞客户取得认可,让客户把我们当成可以信赖的朋友,这样接下来将会让所有的服务更愉悦。

②丰富的物流行业知识及经验。

丰富的行业知识及经验是解决客户问题的必备武器,尤其做物流行业需要具备专业知识和经验。不仅能跟客户沟通、赔礼道歉,而且要成为物流服务的专家,能够解释客户提出的问题。如果客户服务人员不能成为业内人士,不是专业人才,有些问题可能就解决不了。作为客户,最希望得到的就是服务人员的帮助。因此,客户服务人员要有很丰富的行业知识和经验。

③优雅的形体语言表达技巧。

掌握优雅的形体语言表达技巧,能体现出客户服务人员的专业素质。优雅的形体语言表达技巧指的是气质,内在的气质会通过外在形象表露出来。举手投足、说话方式、笑容,都能表现出是否是一个专业的客户服务人员。

④思维敏捷,具备对客户心理活动的洞察力。

对客户心理活动的洞察力是做好客户服务工作的关键所在。因此,客户服务人员都必须具备这方面的技巧。思维要敏捷,要具备对客户的洞察力,洞察顾客的心理活动,这是对客户服务人员技能素质的最起码要求。

(2)品格素质要求。

①忍耐与宽容是优秀客户服务人员的一种美德。

忍耐与宽容是面对无理客户的法宝,是一种美德。客户服务人员需要有包容心,要包容和理解客户,真正的客户服务是根据客户本人的喜好使他满意。客户的性格不同,人生观、世界观、价值观也不同。即使这个客户在生活中不可能成为朋友,但在工作中他是你的客户,那么你就要宽容和真诚地对待他,因为这就是你的工作。

②不轻易承诺,说到就要做到。

对于客户服务人员,通常很多企业都有要求:不轻易承诺,说到就要做到。客户服务人员不要轻易地承诺,随便答应客户做什么,这样会给工作造成被动。但是客户服务人员必须要注重自己的诺言,一旦答应客户,就要尽心尽力去做到。

③勇于承担责任。

客户服务人员需要经常承担各种各样的责任和失误。出现问题的时候,同事之间往往会相互推卸责任。客户服务是一个企业的服务窗口,应该去包容整个企业对客户带来的所有损失。因此,在客户服务部门,不能说这是哪个部门的责任,一切的责任都需要通过客户服务人员把它化解,这就叫勇于承担责任。

④强烈的集体荣誉感。

客户服务强调的是一个团队精神。所谓团队精神,是一种集体意识,是团队所有成员都认可的一种集体意识。团队精神尊重每个成员的兴趣和成就,要求团队的每个成员,都以提高自身素质和实现团队目标为己任。团队精神的核心是合作协同,目的是最大限度地发挥团队的潜在能量。企业的客户服务人员,需要互相帮助,必须要有团队精神。客户服务人员所做的一切,不是为表现自己,而是为了能把整个企业的客户服务工作做好。这里的团队集体荣誉感,就是品格方面的要求。

(3) 心理素质要求。

①挫折打击的承受能力。

销售人员经常会遇到一些挫折打击,而物流客户服务人员也有可能遭受挫折打击。比如说,会不会被客户误解?物流客户在货物托运不及时、货物有意外损坏等情况时,常常迁怒于客户服务人员,因为他遭受到了打击,所以需要有一个发泄的渠道。而很多客户服务人员,每天都要面对各种各样客户的误解甚至辱骂,因此需要有承受能力。更有甚者,客户越过客户服务人员直接向上级主管投诉。有些投诉可能夸大其词,本来这个客户服务人员没有做得那么差,但到了客户嘴里变得很恶劣,恶劣到应该马上被开除。那么作为你的主管在客户走了以后就会找你谈话。因此,你需要有承受挫折打击的能力。

②情绪的自我掌控及调节能力。

情绪的自我掌控和调节能力是指若每天接待100个客户,可能第一个客户就把你臭骂了一顿,因此心情变得很不好,情绪很低落。你也不能回家,后边99个客户依然在等着你。这时候你会不会把第一个客户带来的不愉快转移给下一个客户呢?这就需要掌控和调整自己的情绪。因为对于客户,你永远是他的第一个。特别是一些物流客户服务电话中心的在线服务人员,专门接电话,一天要受理几百个投诉咨询,你需要对每个客户都保持同样的热情度。只要中间有一个环节出了差错,跟客户有了不愉快的口角,就很难用一种特别好的心态去面对下面所有的客户。因此,优秀的客户服务人员的心理素质非常重要。

③满负荷情感付出的支持能力。

满负荷情感付出就是对每个客户都提供最好的服务,不能有保留。不能说因为今天需要对100个人笑,估计笑不了那么长时间,所以一开始要笑得少一点。对待第一个客户和对待最后一个客户,同样需要付出非常饱满的热情。因为这是公司对客户服务人员的要求,只有这样,才能够体现公司良好的客户服务。对每一个客户而言,你都是第一次。客户不知道你前面已经接了200个电话,只知道你现在接的是他的电话,并不理解你已经累了。这种满负荷情感的支持能力每个人都有所不同。有的人比较弱,有的人就比较强。一般来说,工作越久这方面能力就越强。

④积极进取、永不言败的良好心态。

什么是积极进取永不言败的良好心态?客户服务人员在自己的工作岗位上,需要不断地去调整心态。遇到困难、各种挫折都不能轻言放弃。比如客户服务中心接线员工,经常接到一些投诉电话,完全是客户的责任,客户却要求及时处理,这是不是挫折和挑战呢?很多时候,有的客户服务人员就打退堂鼓,觉得干不下去了。因此,需要有一个积极进取、永不言败的良好心态。这些和团队有很大关系,如果整个客户服务的团队是一个积极向上的团队,员工在这个团队氛围当中,很多心里的不愉快都能得到化解;如果不是,那这就要靠自己去化解。

4. 技能训练准备

(1)学生每5人为一个小组,每个小组选一名组长;
(2)卡片若干张;
(3)教师现场指导;
(4)训练时间安排:2学时。

5. 技能训练步骤

(1)以每位学生为单位,在卡片上写出物流客户服务人员素质要求的内容;
(2)各组通过卡片问询法,收集要确定的问题,问题汇总后确定要了解的内容;
(3)以组为单位完成物流公司客户服务人员素质要求内容的确定;
(4)每组派一位代表陈述结果。

6. 技能训练注意事项

(1)一丝不苟,认真填写卡片;
(2)卡片汇总后要进行归类;
(3)调研内容的确定,要有依据、要准确。

二 思考练习

1. 测试一下,自己是否是一名合格的客户服务人员(表1-2)

客户服务人员潜能测试表　　　　　　　　　　表1-2

多数情况下能够控制自己的情绪	10 9 8 7 6 5 4 3 2 1	很难控制自己的情绪
能高兴地面对对我冷淡的人	10 9 8 7 6 5 4 3 2 1	如果别人对自己不好,当然会不高兴
喜欢大多数人并乐意与别人相处	10 9 8 7 6 5 4 3 2 1	很难与别人相处
乐意为别人服务	10 9 8 7 6 5 4 3 2 1	每个人都应该自力更生
即使没错,也不介意表示道歉	10 9 8 7 6 5 4 3 2 1	没有错,就不应该道歉
对自己善于与别人沟通感到自豪	10 9 8 7 6 5 4 3 2 1	情愿以书面形式与别人交往
善于记住别人的名字和面孔,并在与客户初次见面时努力提高这种本领	10 9 8 7 6 5 4 3 2 1	如果不会再见到某个人,就没必要用心去记住他的名字和面孔

续上表

微笑是自然流露的	10 9 8 7 6 5 4 3 2 1	不苟言笑是我的性格
喜欢看到别人因为自己而心情愉快	10 9 8 7 6 5 4 3 2 1	没有取悦他人的天性,特别是那些不认识的人
常保持清洁,并喜欢装扮和修饰自己	10 9 8 7 6 5 4 3 2 1	不喜欢"描眉画眼",而喜欢随随便便

2. 简答题

(1) 简述客户服务人员品格素质要求。

(2) 简述物流客户服务人员工作素质要求。

(3) 简述优质物流客户服务的标准。

3. 案例分析题

某仓储公司客服部接到一老客户打来投诉电话,称:在近期仓储公司运送来的货物中存在货物毁损问题,该批货物价值总额30万元,商品完好率为70%,缺损商品价值为9万元,客户要求赔偿,否则就解除合同。

问题:

物流客服人员应该如何处理此案例?

项目二　物流客户开发与拜访

 **内容简介**

物流客户作为物流企业的主要服务对象,对于物流企业的业务拓展有着至关重要的意义。物流客户的开发与拜访,是建立在物流客户需求分析的基础之上,通过收集物流客户的基本资料,分析不同物流客户的需求类型与模式,从而确定不同物流客户的相应开发流程。在开发物流客户过程中,应针对不同物流客户类型,灵活运用各种拜访技巧和沟通技巧,使物流客户和物流企业间建立良好的合作共赢关系。

教学目标

1. 知识目标

(1) 了解物流客户需求的类型和特征;

(2) 掌握物流客户开发的流程;

(3) 掌握物流客户的拜访技巧;

(4) 掌握物流客户的沟通技巧。

2. 技能目标

(1) 能进行物流客户需求分析;

(2) 能进行物流客户基本资料的收集;

(3) 能对物流客户资料进行整理与汇总;

(4) 能设计物流客户开发的流程;

(5) 能进行物流客户的有效拜访;

(6) 能进行物流客户的良好沟通。

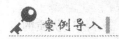 **案例导入**

中外运——物流客户服务的楷模

中外运公司是中国具有领先地位的物流服务供货商,核心业务包括货运代理、快递服务、船务代理;支持性业务,包括仓储和码头服务、汽车运输、海运。该公司于2003年2月在香港联合交易所成功上市。

公司业务经营地区涉足广东、福建、上海、浙江、江苏、湖北、山东、天津、辽宁等国内发展迅速的沿海地区和其他战略性地区,并拥有一个广泛而全面的服务网络和海外代理网络。

针对中外运客户服务系统的业务功能需要,该公司规划并建设了物流客户服务中心系统。该系统具备自动语音应答、业务代表人工接听、同步录音和监听、系统管理、信息检索查询、与后台业务系统联机信息处理等功能,提供的业务涵盖中外运物流海运、陆运、空运、仓储、联运等各类业务,涉及查询、咨询、投诉、建议和人工受理等。

先进高效的信息技术平台是中外运实现其战略目标——成为中国领先的综合物流服务供货商的必备条件。

引导思路

(1)中外运如何对其物流客户进行需求分析?
(2)中外运的新物流客户开发应遵循哪些流程?
(3)中外运的物流客服人员应具备哪些拜访技巧与沟通技巧?

任务一 物流客户需求分析

(1)利用互联网,收集物流客户资料;
(2)设计一份物流客户需求调查表;
(3)对物流客户的需求进行分类分析;
(4)选择某个物流客户,进行小组讨论。

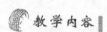

可采用讲授、情境教学、案例教学和分组讨论等方法。

教学内容

一 物流客户需求分析的内容

1. 情境设置

近年来,顺丰速运发展迅速,其致力于为广大客户提供快速、准确、安全、经济、优质的专业快递物流服务。目前,顺丰速运的服务网络已经覆盖国内20多个省及直辖市,包括香港地区,101个地级市,已成为中国速递行业中民族品牌的佼佼者之一。请以该快递公司的物流客户为例,确认其有哪些需求,并制订出合理的方案。

2. 技能训练目标

能够根据物流客户需求的不同价值类型,分析出该物流客户的需求特征及模式。

3. 相关理论知识
1) 物流客户需求的价值种类

物流需求,是指一定时期内社会经济活动对生产、流通、消费领域的原材料、成品和半成品、商品以及废旧物品、废旧材料等的配置作用,而产生的对物在空间、时间和费用方面的要求,涉及运输、库存、包装、装卸搬运、流通加工以及与之相关的信息需求等物流活动的诸多方面。

物流客户需求分析的目的,在于为社会物流活动提供物流能力供给不断满足物流需求的依据,以保证物流服务的供给与需求之间的相对平衡,使社会物流活动保持较高的效率与效益。客户对物流企业的服务需求,按照价值可以分为以下4种。

(1) 关注成本价值。

成本价值是指企业在提供服务时所耗费的成本。为了降低成本,企业可以将物流业务外包给物流公司,以支付服务费用的形式获得服务,而不需要自己内部维持运输设备、仓库等物流基础设施和人员来满足这些需求,从而可以使得公司的固定成本转化为可变成本。物流公司由于拥有强大的购买力和货物配载能力,可以通过自身广泛的站点网络实施共同配送,并从运输商那里大批量购买运输能力,然后集中配载不同客户的货物,大幅度地降低单位运输成本。

这类物流客户大多是在市场上已经取得了一定的市场份额,他们关注的不仅是大幅提高服务水平的问题,而是在提高服务水平基础上如何降低成本。

(2) 关注服务能力价值。

服务能力价值是物流企业能为客户提供服务水平的能力。服务水平的提高会提升客户满意度,增强企业信誉,促进企业的销售,提高利润率,进而提高企业市场占有率。在市场竞争日益激烈的今天,高水平的物流客户服务可以成为一个物流企业的竞争优势,帮助物流企业提高客户服务水平和质量,也就成了物流企业所追求的根本目标。由此可见,物流服务水平的重要性,实际上已成为物流企业实力的一种体现。

这类客户更多关注的是通过物流企业服务的能力,提高自身的服务水平。对于附加价值较高的产品或刚刚进入市场的产品,对服务能力价值的需求往往较强。

(3) 关注资金价值。

资金价值是指物流企业在进行物流活动时资金方面所体现出来的价值。企业如果自己运作物流,在资金方面要面临两大风险:一是投资的风险,自己运作物流,需要进行物流设施、设备及运作等巨大投资;二是存货的风险,企业由于自身配送、管理能力有限,为能对客户订货及时做出反应,防止缺货,快速交货,往往采取高水平的库存策略。一般来说,企业防止缺货的期望越大,所需的安全储备就越多,平均存货数量和需要的资金也越多。

这类客户,往往资金不足或较重视资金的使用效率,不愿意在物流方面投入过多的人力和物力。因此,物流企业要充分展现自己在物流方面的专业能力,提供可垫付货款或延长付款期限的物流服务项目。

(4) 关注复合价值。

复合价值是指物流企业出于多种因素考虑而形成的价值体系。在专业化分工越来越细的时代,企业业务领域不可能面面俱到,任何企业都要面临自身资源有限的问题。因此,对于那些并非以物流为核心业务的企业而言,将物流运作外包给物流企业来承担,通过提供增值信息服务来帮助客户更好地管理其核心能力,这样有助于使企业专注于自身的核心能力,提高竞争力。

这类客户对物流服务的需求是出于多种因素考虑的。物流企业需要综合考虑多个因素后,取得一个折中方案。

2) 物流客户需求特征

(1) 内在性。

物流客户需求分析是将物流需求与产生需求的社会经济活动进行相关分析的过程,主要是为社会物流活动提供物流能力,以保证物流服务的供给与需求之间的相对平衡,使社会物流活动保持较高的效率和效益。在一定时期内,当物流能力供给不能满足这种需求时,将对需求产生抑制作用;当物流能力超过这种需求时,会不可避免地造成供给的浪费。因此,物流需求是物流能力供给的基础,物流需求分析的社会经济意义也正体现在这方面。

由于物流活动日益渗透到生产、流通、消费等整个社会经济活动过程之中,与社会经济的发展存在着密切的联系,是社会经济活动的重要组成部分,因而物流需求与社会经济发展有着密切的相关性,社会经济发展成为影响物流需求的内在因素。

(2) 阶段性。

从物流的发展规律来看,现代物流服务的需求包括量和质两个方面,即从物流规模和物流服务质量中综合反映出物流的总体需求,它的发展体现了一定的阶段性。在发展早期,物流规模是衡量物流服务的重要指标,即物流活动中运输、储存、包装、装卸搬运和流通加工等物流作业量的总和。随着物流业的不断发展,物流服务质量逐渐成为物流服务效果的集中反映,即用物流时间、物流费用、物流效率来衡量物流服务,其变化突出表现在减少物流时间、降低物流成本、提高物流效率等方面。

在当前中国经济发展水平仍然处于落后的情况下,物流规模继续增长,物流服务质量需要提高,物流需求结构不断调整。这就需要物流企业制订适合自身发展阶段的发展目标,适时引入物流合理化的理念,加强物流需求管理。

(3) 一般规律性。

物流客户需求来自于物流客户的内在要求,在从事物流活动中,必须真正以物流客户的需求为导向,即必须识别、把握和跟踪不断变化的物流客户需求。一般而言,物流客户只有在其外部物流供给的效率和效益超过其内部物流需求时,才会去寻求新的物流供给。即从经济学角度分析,物流客户需求满足需求与效率的一般规律性。

3) 物流客户需求的模式

物流客户需求的模式包括三个阶段的内容:一是刺激过程,即物流需求的产生源自外部激励和内在动机;二是混合思维过程,该过程受思维者的各种客观条件约束;三是反应过程,即物流需求者经过思考之后,提出对物流服务的各种要求。

(1) 客户需求刺激。

客户需求刺激可以分为外部激励和内在动机两种类型。

①外部激励。外部激励是指来自于事物外部的影响因素。物流客户的外部激励源自物流的服务能够提供的六个主要方案,即库存、保管、配送、运输、包装、装卸方案的科学化、合

理化、经济化程度。当物流企业提供一个系统的物流方案时,它们综合地激活了物流需求者的各种需求。

②内在动机。内在动机是指来自于事物内部的影响因素。物流客户的内在动机由以下三方面组成:一是基础需求,即物流需求者对物流的基本需求,它们具有明确的目的,但并无特殊的要求;二是附加需求,指物流需求者在基础需求之上,对物流的客体有着特殊性要求;三是发展需求,指对物流供给者的延伸服务的需求,物流需求者不仅要完成自己产品的空间和时间协调统一的转移,更希望物流供给者在市场信息、市场准入方面提供完整的交易服务。

(2)客户需求思维。

物流客户需求思维是客户"自我操作"的过程,对外界而言,这是一个可能被感受但无从知晓的过程。这一过程的完成,是多种条件混合的"化学反应"过程,主要表现在需求者的特征和决策两个方面。

①需求者特征。需求者特征,主要包括服务价值判断能力、企业的规模大小、企业所处的行业以及地理区域等形成的物流特殊性。

②需求者决策。需求者决策过程可分为三个阶段。

第一阶段,需要认识阶段。消费者无论购买什么样的商品,总是以认识到对某种商品的需要为开始,服务也不例外。而物流需要则与实际的条件之间存在着一定的差距,主要来源于经验和需求。营销人员在这一阶段的主要任务是仔细辨别物流需求者的各种需求以及判断各种需求产生的内驱力。

第二阶段,信息收集阶段。物流需求者在确认自己有某种需求后,就会注意收集与这种需求有关的各种产品信息,营销者的重要工作就是要了解物流需求群主要的信息来源有哪些,这些信息来源对需求者做出购买决策的重要意义是什么,并在此基础上做出有效的传播计划。

第三阶段,方案评价阶段。需求者评价物流服务方案的过程中,最常见的模式是认识导向模式。该模式首要考虑的是服务属性,即首先要考虑物流供给者的服务方案中哪些属性能满足自己的需求。需求者往往要对不同物流企业的服务方案属性进行对比,形成最后的确定方案。

(3)客户需求反应。

客户需求反应,即客户决策的结果,表明物流客户是否接受该物流服务的行为路径,也是物流企业能够直接接触物流客户态度并为之服务的基本出发点。

从客户服务的角度分析,物流企业不仅要在推出物流服务方案前,根据物流客户的需求,确定服务方案。同时,还应该根据物流客户的反馈信息,进一步做出让物流客户满意的方案,最终达到物流企业和客户双赢的目的。

4.技能训练准备

(1)学生每5人为一个小组,每个小组选一名组长;

(2)卡片若干张;

(3)教师现场指导;

(4)训练时间安排:2学时。

5.技能训练步骤

(1)以每位学生为单位,在卡片上写出要收集的物流客户资料的内容;

(2)各组通过卡片问询法,收集要确定的问题,问题汇总后确定要调研的内容;

(3)以组为单位完成物流客户调研内容的确定;

(4)每组派一位代表陈述结果。

6.技能训练注意事项

(1)一丝不苟,认真填写卡片;

(2)卡片汇总后要进行归类;

(3)调研内容的确定,要有依据、要准确。

二 思考练习

1.简答题

(1)如何理解物流客户需求分析?

(2)物流客户需求具有哪些特征?

(3)物流客户需求刺激包括哪几部分?请具体分析。

(4)应如何理解物流客户需求的复合价值?

(5)物流客户需求的内在性主要是指哪些方面?

2.案例分析题

新科安达的第三方物流模式

新科安达后勤保障有限公司位于深圳蛇口,是由中国深圳招商局与新加坡合资的第三方物流企业,外方股份为51%,是中国第一家由外方控股管理的物流公司。1998年年底该公司在北京、天津、上海、广州、武汉、成都建立了6个区域配送中心;在宁波、上海外高桥、北京怀柔、沈阳、乌鲁木齐建立了16个配送中心,送达城市273个。截至2000年,公司拥有20个区域配送中心、6个仓储作业点、6个运输协调点、4个准备发展的点,送达城市延伸到350个。新科安达利用合同确立合作运输车队,并能够提供整套的物流服务,包括收货、存货、发货、订单处理、质量控制、盘点、增值服务等。所谓增值服务,主要包括支持捆绑销售的促销服务,贴标签、保存、回收服务、代收货款、保险及其他咨询服务。

公司的综合物流系统原是在新加坡开发,并结合中国经营实际情况进行修改、完善的。其功能包括仓库管理、运输调度、决策分析等8个功能模块,具有计算机辅助决策支持系统,可以利用计算机进行运输配载与物流流程优化。根据货物和客户要求,货物管理精细到批号管理,包括某一批号货物发往何处。建立电脑化的仓储管理系统,具有保质期管理和成熟的接泊作业管理,像药品物流管理等精细的要求都可以满足。

新科安达建立了自己的关键客户群共46家,这些客户大部分是三资企业,主要产品有快速消费品、日用品、食品、药品、石油化工产品等。关键客户具有业务量大、长期合作、对企业生存与发展有重要影响等特点,配送范围达到全国598个城市。公司承接订单的方式是参与物流投标,中标后与客户签订1~5年的长期合同。除了基本因素外,考虑的主要因素还有安全、健康和环保。

新科安达第三方物流经营中的一条重要思路是跟着品牌公司走,如大客户、长期合作伙伴,客户需要什么服务,就提供什么服务;注重企业文化的一致性,文化上的差异往往会导致合约上的不完满;对客户的主要竞争对手采取回避原则,即不能同时做主要竞争者的物流服务。

问题:

请结合案例,说明作为第三方物流经营主体的新科安达是如何进行物流客户需求分析的?

任务二　物流客户开发流程

(1)利用互联网,收集物流客户资料;
(2)由小组讨论,选定某个物流客户;
(3)详细分析该物流客户的基本信息;
(4)设计出该物流客户的开发流程。

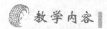

可采用讲授、情境教学、案例教学和分组讨论等方法。

教学内容

一　物流客户开发流程的确定

1.情境设置

宝供物流企业集团有限公司,是我国第一家经国家工商行政管理总局批准以物流名称注册的企业集团,是我国最早运用现代物流理念为客户提供物流一体化服务的专业公司,也是目前我国最具规模、最具影响力、最领先的第三方物流企业。请以该物流企业为例,详细分析其物流客户开发的流程。

2.技能训练目标

能够根据不同物流企业类型,确定其物流客户的开发流程。

3.相关理论知识

1)物流客户的选择与识别

客户是企业利润的源泉,所有的物流用户都有可能成为物流企业的客户,正确选择物流客户是物流企业必须解决的问题,它关系到物流企业的生存与发展,在物流企业的发展过程中具有重要的作用。而实际上,物流客户的选择与识别是提出一个适合于本物流企业的客户标准与准则,为选择与识别新的物流客户提供一定的条件和基础,使之更符合物流企业的业务发展方向。

(1)物流客户选择的内容。

①市场范围。物流企业只有首先确定自己的发展战略目标,才能确定自己应先进入哪个行业或哪个市场进行业务拓展。物流企业可以对该行业的物流市场发展潜力作出估计,

并确认行业和市场的有关属性,还可以对欲进入行业的性质进行基本确认。

②客户需求。物流企业在分析市场时,需要了解自身所提供的服务能满足客户的哪些需求。因为物流企业向市场提供任何服务,都必须对客户的需求类型进行初步认定,尽量选择与自身所提供服务类型相符的客户进行业务往来。

③客户信誉。在物流行业中,客户的信誉尤为重要,它不仅直接影响到物流费用的结算情况,还直接关系到物流市场的网络支持。一旦客户选择其他物流公司提供服务,则原物流公司将会陷入两难的境地,不得不放弃已经开发起来的物流市场,而重新开发新的物流用户往往需要付出双倍的代价。

④合作态度。客户的合作态度也是物流公司进行客户选择与识别的一个重要内容,如果客户不愿选择某家物流,即使其再有实力、声誉再好,对物流公司而言也都没有任何意义。所以,物流公司应尽量选择一些与之有着良好合作态度的客户,这对于后续的物流业务拓展有着积极的意义。

⑤财务状况。物流公司一般倾向于选择资金雄厚、财务状况良好的客户,因为这样的客户能保证及时结算物流费用,还有可能提前向物流公司预付一部分运费,从而缓解物流企业的资金压力。反之,若客户财务状况不佳,则往往会拖欠运费,致使物流企业不能有效回收资金。

⑥连续性。连续性主要是指客户能否持续经营的能力。在科技迅猛发展、产品更新换代周期越来越短的今天,物流客户如何能适应变化的形势并迅速做出调整,是其生存并发展下去的前提条件;否则,客户就不具有持续经营的能力,物流企业的欠款风险也随之增加。因此,连续性也是物流企业在选择与识别客户时的一项重要内容。

进行物流客户选择与识别的意义在于为客户选择创造条件。通过描述客户的特性,使物流企业能够确切地知道哪些客户可能为企业提供更多的价值或怎样才能以更低的成本为客户服务,从而获得持续竞争的优势。

(2)选择和识别物流客户的方法。

选择与识别物流客户是物流客户拓展的重点,只有找到了恰当的物流客户,明确了他们的需求,才能顺利地进行物流客户的开发。选择与识别物流客户的最直接方法是,对最盈利的物流产品市场进行细分并加以比较,若能明白客户选择的原因,并能找到类似特征的其他客户群体,那么这些新的客户群体也会成为可能性最大的潜在客户群。具体的方法有:

①逐户拜访。逐户拜访法,又称地毯式访问法,是指物流客户服务人员在特定的区域内,挨门挨户地进行访问,以挖掘潜在客户,寻找客户线索的方法。

在逐户拜访中,最重要的是收集和整理客户的信息。拜访前一定要准确把握客户的信息,该信息要尽量详细,做到有的放矢,只有了解了客户的需求、喜好,才能投其所好,更好地吸引客户。逐户拜访法的优点是范围广、涉及的客户多,可借机进行市场调查,了解客户需求倾向,并挖掘潜在客户。缺点是盲目性强,易遭客户拒绝,耗费大量的人力和时间,成本较高。

②客户介绍。客户介绍法,又称黄金客户开发法,就是通过老客户的介绍来寻找新客户的一种方法。这是物流客服人员通常用的且有效的方法,在西方被广为推崇。

客户介绍法的优点是信息较准确可靠。因为老客户知道他的朋友在什么时间、需要什么样的产品、接受什么样的服务,准确可靠,可减少客户开发过程中的盲目性,较易获得客户的信任,成功率也较高。缺点是事先难以制订完整的客户开发计划,客户服务人员一般处于较为被动的地位。

③市场咨询。市场咨询法是指利用市场信息服务机构所提供的有偿咨询服务来寻找客户的一种方法。信息时代出现了诸多咨询服务机构,通过这些机构往往能获得许多有价值的客户信息。市场咨询法的优点是针对性强,但成本较高,因为咨询机构的服务项目是有偿的。在利用市场咨询法寻找物流客户时,一定要积极主动,谨慎选定市场咨询机构。同时,物流企业应注意与市场咨询机构密切配合,只有这样才能正确地选择与识别物流客户。

④直接邮寄。直接邮寄法是以邮寄的方式来寻找目标客户的方法。对物流客服人员来说,直接邮寄是一种行之有效的方法。物流客户邮寄名单可从多种渠道获得,物流客服人员既可以自己收集,也可从别人手中购买。在直接邮寄法中,公司会定期向客户寄送商品或服务目录,一般实行会员制,只要一次购买或接受达到一定金额的产品或服务,就可成为该物流公司的会员。公司将信函、广告宣传单等直接寄给潜在客户,向他们详细介绍公司的产品或服务、订购及联系方式。这种方法覆盖范围往往较广,涉及客户的数量也较多,但邮寄费用高,时间周期较长,一般回复率不高。

⑤电话访问。电话访问法就是利用电话形式进行地毯式访问,以寻找客户的方法。电话访问与传统的地毯式访问相比,具有时间省、效率高、避免遭拒绝的尴尬及覆盖面广的优点,但对物流客服人员的素质要求很高。在电话访问法中,做好打电话前的准备工作非常重要,客服人员必须掌握物流产品和服务知识,了解物流产品或服务的功能和用途。同时,还应该掌握打电话的技巧,主动报出公司名称,准备好要说的内容,电话谈话中不宜详细介绍产品,最好能用简短的回答抓住对方的注意力并引发其兴趣,将该客户发展成为物流企业的潜在客户。

⑥网上寻找。网上寻找法就是运用网络工具来寻找客户的方法。与传统的寻找客户渠道相比,网上寻找客户具有不受时间和空间的限制、双方互动即时性和成本低廉性等特点。但同时对客服人员素质提出了新的要求,即要熟练掌握网络技术。在使用网上寻找法识别物流客户时,应该选择合适的搜索关键词,可以从竞争对手的网站上搜索,也可以用行业名称来进行搜索,以得到大量的客户信息。采用网上寻找法识别客户时,一般需要与电话访问等其他方法相配合使用。

2)建立物流客户资料库

(1)物流客户资料库的内容。

在选择和识别物流客户的基础上,建立物流客户资料库是非常重要的。只有全面掌握客户的资料,才更有利于物流企业开展具有针对性的服务。物流客户资料库的基本内容应包括姓名、年龄、文化水平、居住地点、个人特点、职业、兴趣和爱好、公司管理、公司业务状况、公司财务情况等内容。物流客户的基本信息表如表2-1所示。

(2)物流客户资料库分析。

物流企业收集到客户的基本信息后,应对资料库中的基本信息进行全面分析,具体的做法有以下几种。

①标注客户重要信息。物流企业在收集到客户的基本信息后,必须用软件或其他工具将客户的基本信息录入到客户数据库中。然后通过查询与分析对数据库中的客户基本信息进行管理,并将重要信息标注在物流客户资料表上,以帮助物流客服人员决定在何时何地、如何对客户进行拜访,从而提高拜访的效率和效果。

物流客户资料表一般分为个体型和组织型。在分析客户资料时,应将这两类客户区分对待,尽量分析与挖掘潜在客户的信息,为后续开展相关物流活动打下基础。

物流客户基本信息表   表2-1

申请人		性别		年龄		职业		学历	
户籍所在地		身份证号				婚姻状况			
现住址		手机号				家庭电话			
工作单位		工作年限				职务			
单位地址		单位电话				收入			
近年主要工作履历									
家庭情况	配偶姓名		身份证号						
	工作单位		单位电话				收入		
	家庭电话		子女情况						
其他联系人	姓名		电话				手机		
个人资产情况	房产	房产名称		产权性质		登记价		产权状态	目前净值
	汽车	品牌型号		购买价格		使用年限		行驶证号	驾驶证号
现住房状态	装修:精/豪		自住		出租		租金		
个人偏好									
个人信用记录									

②物流客户分级管理。根据物流客户资料库的信息,为了有效地拜访潜在客户,可以将潜在客户划分为A、B、C三级,以便于分级管理。A级客户一般是应继续跟进访问的物流客户,B级客户是拟隔一段时间进行访问的物流客户,C级客户是应放弃访问的物流客户。对于前两类物流客户,应拟订重复拜访频率,以及时了解客户需求;对于C类客户应慎重对待,应进行详细分析,确认是否放弃该类客户。

(3) 建立物流客户资料库的意义。

建立物流客户资料库,对于准确判断物流客户、提高物流业务效率具有重要意义,主要体现在以下几方面。

①提升物流客户开发的业绩。物流企业只有对客户有一定的了解,并对客户的基本信息进行认真的评估和审查,才能找到真正的客户,不断提升物流客户拓展业绩。反之,若物

流企业不对客户资料加以分析,只凭直觉行事,往往会错过真正的客户,这必然会给物流企业业务造成严重损失,直接影响客户拓展业绩。

②提高物流客户开发的效率。对物流客户资料库的信息进行详细分析,针对不同客户的特点,提出不同的管理策略和服务策略,尽量避免客户开发时间的大量浪费,从而提高物流客户开发工作的效率。

③降低物流客户开发的盲目性。通过分析物流客户资料库中的客户基本信息,衡量和评估物流客户资格,可准确地判断潜在物流客户范围,这样就会大大降低物流企业开发客户的盲目性,从而使得企业开发物流客户的过程变得更为高效、准确。

④找到更合适的物流客户开发方法。在物流客户的开发实践中,优秀的物流客服人员往往将主要精力集中在了解物流客户上,并能找到打动物流客户的方法,因此获得了成功。物流客户资料库为物流企业提供了一个客户资料的信息平台,通过详细分析资料库中的信息,找到更合适的物流客户开发方法。

3) 物流客户的分类管理

(1) 物流客户的分类。

物流客户是相对于物流服务提供者而言的,是所有接受产品或服务的组织和个人的统称。不同的客户对物流企业的重要程度和价值是不同的,从物流企业角度可以将其分为以下三类,如表2-2所示。

物流客户层次表 表2-2

客户层次	比 重(%)	档 次	利 润(%)	目 标 性
一般客户	80	低	5	客户满意度
潜力客户	15	中	15	客户价值
核心客户	5	高	80	财务利益

①一般客户。一般客户又称为常规客户,消费具有随机性,讲究实惠,看重价格优惠,是物流企业客户数量的最主要部分,可以直接决定物流企业短期的现实收益。物流企业通常通过让利给客户,来增加这部分客户的满意度。这类客户占企业全部客户的80%左右,但给企业带来的利润仅占5%。

②潜力客户。潜力客户又称为合适客户,他们希望从企业的关系中增加价值,从而获得附加的财务利益和社会利益。这类客户常常和物流企业结为"战略联盟",是物流企业与客户关系的核心。这类客户占企业客户总数的15%,并创造15%左右的利润。

③核心客户。核心客户又称为关键客户,他们除了希望从企业那里获得客户价值外,还希望获得诸如社会利益等间接利益,从而达到一种精神满足。这类客户是企业比较稳定的客户,虽然数量少,约占企业客户总数的5%,但企业80%的利润都来自于他们。

(2) 物流核心客户管理。

物流核心客户管理是一种管理理念,一种如何挑选核心客户并稳固物流客户的业务处理方式。物流核心客户对于物流企业要达到盈利目标起到关键作用,因此物流企业必须针对核心客户的特点和物流的实际情况,制订切实可行的核心客户管理模式以及关键的管理制度和管理流程,找出关键的工作环节。

①建立一套评价指标体系。对物流公司的客户做出全面评估,并综合打分,找出核心客户。

②收集核心客户信息。对物流核心客户进行全面分析,分析物流企业的竞争对手和自己公司的状况,制订客户管理战略。

③开发物流核心客户。核心客户管理制订的策略一定是实际有效的,而拥有完整的核心客户信息资料是保证这些策略成功的前提。在此基础上,挖掘核心客户需求,了解客户真正的需要,是理解客户价值的前提。

④保持物流核心客户。保持核心客户是物流企业发展的重中之重,只有保持住现有核心客户,才能不断地开发核心客户的潜力,保证未来的发展。

任何物流企业的资源都是有限的,因此不可能为所有客户提供同等满意的产品或服务。物流企业应以有限资源主要来满足核心客户需求,以求得最大的客户价值与企业价值之间的平衡。

4)物流核心客户的保持

(1)提升物流企业服务标准。

服务是取得物流客户信任、开拓市场的基本手段,是企业获取利润、赢得市场的重要法宝。但对物流核心客户仅仅停留在正常的服务水平是远远不够的,要根据客户的需求提升服务标准。这就需要物流企业进一步强化服务意识,提升服务理念,改进服务方式,优化服务手段,提高服务质量与效率,以满足核心客户需求。如对核心客户更加尊重和关注,以更快的速度响应客户的需求,持续不断地为客户提供个性化的优质服务等。

(2)保持个性化核心业务。

核心业务是物流企业经营谋略和经营哲学的集中体现,它反映着一定时期企业经营的价值趋向及其对客户心理、市场需求的准确把握,是实现企业经营者与客户、市场有效连接的重要渠道。为了更好地满足核心客户的需求,应创建核心客户个性化管理模式,即企业要有针对核心客户打造核心业务的能力,这样才能减少核心客户的流失。物流企业个性化核心业务主要有每日发货量和时间的临时变更、短期代客存储、代收代付货款等。

(3)建立学习型关系。

所谓学习型关系,就是企业在每次与客户接触的过程中,都会跟客户进行良好的沟通和交流,对于客户提出的要求,物流企业将全力对产品或服务进行改造。因为客户是物流企业的主要服务对象,他们可以识别不同服务的优劣以及对服务的改进提出意见。因此,物流企业需要克服思维定式,加快创新,紧跟客户需求,与物流核心客户建立"学习型"关系。在这样一个良性循环的过程中,逐步提高物流企业使客户满意的能力。

(4)不断进行服务创新。

在物流行业中,企业所提供的服务是以客户为核心,这种理念的实施反映在最集中的区域。如果拘泥于传统的物流服务方式和项目,就难以给核心客户带来新的且具有吸引力的购买体验,从而无法达到企业和客户之间的高度和谐统一。只有定期开展调研,时刻关注核心客户的需求,不断推出新的服务,客户才会产生惊喜和受到感动,才会在内心深处和企业产生共鸣,真正实现由满意客户向忠诚客户的转变,最终确立企业不可复制的核心竞争能力。因此,可以说服务创新是保持物流核心客户的关键。

4. 技能训练准备

(1)学生每5人为一个小组,每个小组选一名组长;
(2)卡片若干张;
(3)教师现场指导;
(4)训练时间安排:2学时。

5. 技能训练步骤

(1)以每位学生为单位,在卡片上写出开发物流客户需要哪些环节;
(2)各组通过卡片讨论法,确定哪些环节是必需的;
(3)以组为单位完成物流客户开发流程的确定;
(4)每组派一位代表陈述结果。

6. 技能训练注意事项

(1)一丝不苟,认真填写卡片;
(2)卡片汇总后要进行归类;
(3)调研内容的确定,要有依据、要准确。

二 思考练习

1. 简答题

(1)选择与识别物流客户的方法有哪些?
(2)物流客户资料库分析的主要做法有哪些?
(3)如何对物流客户进行分类管理?
(4)如何对物流核心客户进行管理?
(5)如何保持和巩固与物流核心客户的业务往来?

2. 案例分析题

天马物流公司会议营销

天马物流公司是一家大型物流设施及整体方案运营商,会议营销在物流大客户营销中有着举足轻重的地位。企业通过会议营销,可以集中接触潜在物流客户、宣传和展示企业形象、讲解企业理念、深入介绍和演示企业产品、有效了解客户需求,挖掘潜在客户和项目信息。

但是,由于直接营销的手段和力量的不足,导致公司在举办会议营销时,主要参会对象是企业的老客户、合作伙伴或一些非目标客户,从而造成了"会议现场很热闹,销售工作无实效"的怪现象。

会议营销的实际困难是如何有效地吸引和招收公司的目标客户报名和参会。根据公司物流产品特点,天马物流在认真确定了目标客户标准、精心筛选出合适的潜在目标客户之后,公司便综合性地采用电话营销、传真营销、信函营销、网站营销、邮件营销等方式,在短短的四周时间内,成功地邀请到长三角地区的40余家大中型生产制造企业参会。这些客户分布在普通机械设备、交通运输设备、电子通信设备、医药制药、化学工业、政府采购、金属制品等领域。参会的客户大部分是公司之前从未接触过的企业,客户年度采购规模也很大,并且70%的参会人员都是采购、供应、物资等部门经理级以上的关键决策人,这正是天马物流销售代表最希望见到和结识的人员。

通过此次会议营销活动,天马物流有效地接触和结识了潜在目标客户的关键决策人员。同时,目标客户也比较完整地接受了专业的物流信息化理论培训和学习,初步认同和接受了天马物流的产品理念,这为公司后续的销售跟进、市场开拓、项目洽谈提供了有力的支持和帮助。

会议营销模式是否对物流企业有实效,其中一个重要的评价指标是看销售部门是否满意和认可。此次公司的会议营销项目,帮助销售部门在短时间内发掘到一大批潜在目标客户,这极大地缩短了销售人员前期广泛搜寻、发掘客户的时间,帮助销售人员将时间和精力放在重点客户的沟通和项目跟进上,这使会议营销服务赢得了销售部门的赞许和认可。

问题:
通过分析此案例,天马物流公司在客户开发方面有哪些可以借鉴的方法?

任务三 物流客户拜访技巧

(1)利用互联网,收集物流客户资料;
(2)由小组讨论,选择某个物流客户;
(3)针对具体客户,选择最适合的拜访技巧;
(4)总结各种客户拜访技巧的优缺点。

可采用讲授、情境教学、案例教学和分组讨论等方法。

 物流客户拜访技巧的内容

1. 情境设置
联邦快递是全球最具规模的快递运输公司,总部设于美国田纳西州,提供隔夜快递、地面快递、重型货物运送、文件复印及物流服务,为全球超过235个国家及地区提供快捷、可靠的快递服务。请以该物流公司为例,提出针对该公司物流客户的具体拜访方法。

2. 技能训练目标
能够根据物流企业的行业特征和发展状况,确定适合自身发展的物流客户拜访方法。

3. 相关理论知识
1)物流客户拜访目的
物流客户服务是以满足客户需求、开发客户需求和创造客户价值为基本出发点和终极目标。而物流客户拜访的目的正是在物流客户服务的基础之上形成的,通过物流客户的有效拜访,物流企业可以收集客户的准确信息,进而分析客户的不同需求。在恰当的时候,用恰当的方式为物流客户提供满意的服务,其具体的目的如下。

(1)完成销售任务。

通过物流客户的拜访,有效发现潜在客户,进而完成企业的销售任务,是物流企业进行客户拜访的最根本目的。

(2)维护市场。

在客户拜访过程中,妥善处理好自身与客户在合作中出现的问题,快速解决与客户之间的矛盾,确保市场的稳定。

(3)搜集信息。

通过拜访,了解与客户合作的进度以及客户反馈的问题等。对于能解决的,现场予以解决;不能现场解决的,给客户承诺,迅速完成并及时反馈,给客户留下好印象。

(4)指导客户。

设身处地地为客户着想,并结合自身企业运作流程或对客户所在行业的理解,对客户的相关业务进行帮助与指导,从而赢得客户的尊重。

(5)建立品牌。

通过拜访,可以逐渐加深与客户之间的感情联系,并有效建立和提升自身及公司的品牌形象,为今后的长期合作打下良好的基础。

2)拜访前的准备

拜访客户前,务必要做好前期准备工作。充分了解并掌握客户基本情况和业务诉求,以及本公司物流项目计划、价格优惠政策、为客户量身定做的合作方案等,才能博得客户青睐,从而更好地服务客户、拓展业务。

(1)明确拜访目标。

拜访前,一定要明确拜访客户的姓名、职务、年龄、个人喜好、工作生活习惯,以及客户单位的经营规模、与同行合作的历史情况等问题,并有针对性地制订谈话策略和方向。

如果拜访的客户为重点客户,则需要对方案进行进一步细化,达到签约的最终目的。如果拜访的客户为一般客户,则尽可能的展示本公司实力,了解客户需求并做好记录,为下一步拜访乃至签约打下坚实的基础。

(2)做好访前计划。

要明白此次拜访的目的,是完成销售任务,还是加强与客户之间的感情联系。如果是为了完成销售任务,则要做足功课,对于客户提出的每个问题都能及时、准确地予以答复。如果是为了加强与客户之间的感情联系,则要了解客户相关情况并构思谈话内容。

(3)确定拜访时间。

寻找一个合适的时间去拜访客户十分重要,但也往往会被人忽视。拜访前,需要了解客户单位的作息时间以及业务量较为集中的时间段,否则在客户最为繁忙或休息的时候前往,会给对方留下不好的印象,从而影响进一步的沟通联系。

(4)备齐相关资料。

台湾企业界流传的一句话是"推销工具犹如侠士之剑"。因此在拜访客户前,要备齐所有的资料,特别是初次拜访的客户,例如企业宣传图册、多媒体演示光盘、报价单、合同等,以备不时之需。

(5)熟记相关数据。

对于本公司规模、渠道、设备情况、物流网点数量、物流配送时间、投递人员数量、市场价位、本公司报价、相关优惠政策等重点数据,要牢牢掌握,做到"一口清",随时应对客户的提问,否则会使客户怀疑自己的专业性。

(6)设计应急预案。

因为受同行竞争、客户需求差异等多种不稳定因素的影响,会使原定的计划受到较大冲击。因此,要事先考虑到拜访中遇到的困难和问题,完善应急预案,做好后备计划,这样才能增强自信心,减少与客户沟通之间的障碍,加深客户对自己的印象等。在实际拜访过程中,要尽量避免临场发挥、即兴策略,否则会引起客户的反感。

3)拜访流程

物流客户的拜访实质上是探寻物流客户需求的过程,该流程大体包括确定目标客户、多渠道取得联系、确认拜访时间及地点、做好开场白、介绍本公司基本情况、了解客户需求、确定合作计划和跟踪回访等环节。

(1)确定目标客户。

物流市场开发初期,开发人员首先要进行一次大规模的调研,通过实地了解、黄页或互联网搜索等形式,全面了解和掌握自己所负责区域内的物流客户情况、规模和数量,并向客户投递宣传手册和资料等,做好市场推广工作,解决前期开发工作中"量"的问题。随后要根据客户反馈情况,进行有选择性的淘汰工作,进一步缩小主攻范围,确立目标客户群,并根据目标客户群的业务特点,有针对性地制作销售方案,解决前期市场开发工作中"质"的问题,以期获得最佳效果。

(2)通过电话、信函等渠道取得联系。

确定目标客户后,可以通过黄页查询、互联网搜索、社会关系等方法,取得目标客户的办公电话或电子邮箱地址,随后采取电话问询、发送电子宣传资料等形式,与客户取得联系。切记不可在未与目标客户取得联系或预约的情况下登门走访,以免引起客户反感,丧失后续跟进的机会。

在电话、信函联系的过程中,要注意收集目标客户的货品发送量、业务覆盖的地区、目前合作的物流公司、物流费用支出、付款方式等。

如果目标客户在联系过程中提出报价的要求,一定要慎重报价,且要留有一定回旋的余地,为下一步面对面沟通做好铺垫。

在此过程中,市场开发人员还要及时掌握客户的姓名、年龄、职务、个人喜好、工作生活习惯等信息,并有针对性地制订谈话策略。

(3)确认拜访时间及地点。

在与目标客户取得前期联系的基础上,进一步确认拜访客户的时间及地点,以便做好准备工作,准时赴约。

需要注意的是,如果客户将见面时间和地点确定在工作日、正式场合,市场开发人员要注意着装,给客户留下好印象。如果客户将见面时间和地点确定在非工作日、非正式场合,可根据实际情况对着装等进行调整。

(4) 做好开场白。

与目标客户初次见面,开场白至关重要。一个好的开场白可以给沟通双方创造一个友好轻松的谈话氛围,解除目标客户的戒备心理并获得信任,为进一步的沟通奠定基础。

一个好的开场白所具备的基本要素是:整洁得体的着装,自然且放松的微笑,简洁明快且富有亲和力的语言,良好的知识储备等。切忌一见面就介绍销售方案,这会使气氛变得尴尬,让客户以为除了被动接受方案之外,再无其他沟通的必要。

(5) 介绍本公司基本情况。

用较为简洁的语言向目标客户介绍本公司的文化、背景、行业实力、市场份额、设施设备优势、员工数量、物流网点数量、投递平均时间、物流渠道建设、报价、优惠政策等,让客户对企业情况有基本的了解。

(6) 了解客户需求。

在拜访客户的过程中,不能一味地向客户灌输信息,而要善于倾听客户的声音,这是得到信息的重要途径。每个客户的业务情况各有不同,他们的需求和期待自然也不同,因此要仔细倾听客户反馈回来的信息,并站在客户的角度,把给客户带来的利益作为沟通的重点。这样,客户在心理上将大幅度增加接受性,使双方在相互理解、互惠互利的情况下顺利沟通。而为其量身打造的方案也会使客户产生优越感,从而提高双方合作的进度。

(7) 确定合作计划或约定后续内容。

经过双方信息交流和反馈后,对于达成初步合作意向的,要确定合作计划及详细内容,或签订备忘录。对于部分合作项目持有异议或需要重新修订的,要与客户达成一致,待方案或合同修改完成后迅速确认。

(8) 跟踪回访。

跟踪回访的目的主要是为了进一步加强与客户之间的业务联系和沟通,解决疑难问题,从而完成双方的既定目标。在实际市场开发过程中,跟踪回访主要分为服务型跟踪回访和转变型跟踪回访。

服务型跟踪回访,指的是市场开发人员与目标客户已经签下物流合约,双方开始按照合约履行各自职责。在此过程中,开发人员阶段性地对客户进行跟踪回访,及时解决合约执行过程中所出现的问题。

转变型跟踪回访,指的是初次拜访过后,如果客户表示对合作内容感兴趣,或对部分内容存在异议,比如价格,针对这种情况,就要收集同行情况,从自己的产品成本出发,详细给客户进行分析,以取得客户的理解。

如果客户短期内还难以和自己达成合作,则要加强感情联系,与客户交朋友,用感情来拉近与客户的关系,避免长时间探讨合作项目,引起客户反感。

4) 拜访注意事项

(1) 注意谈话技巧。

初次拜访客户,切记要营造一个轻松的谈话氛围,以热情的语气与客户进行交流,不能一开始就向客户推荐合作方案,使客户"提高警惕",从而降低成功率。

(2)注意谈话内容。

与客户沟通交流时,谈话内容要结合客户实际情况,不可滔滔不绝、漫无边际,要多聆听客户提出的问题和反馈的信息。不要轻易向客户承诺自己做不到的事情,因为一旦违约将会带来极大的负面影响。同时,不要用言语攻击、诋毁同行,更不要问及客户的隐私或者禁忌的话题。

对于业务需求量大、态度积极的客户,开发人员要学会适当的赞美,让客户产生优越感,从而提高他们的合作热情,拉近彼此之间的距离。

(3)注意拜访细节。

拜访客户时要注意着装和语言,穿着不能太随意,语言尽量亲和,以防客户产生厌恶的情绪,进而影响拜访效果。即使与客户的意见稍有不一致时,也应先耐心聆听客户的需求,然后适当说出自己的想法,以进一步和客户进行沟通。

(4)注意拜访后的回顾分析。

任何客户的拜访都不是一帆风顺的,随时可能遇上客户的负反馈。在拜访客户后一定要注意拜访后的回顾分析,做好客户资料的整理工作,详细分析不同客户的需求。只有平时多做拜访后的回顾分析,多积累客户,多在客户的心中留下一份信任,才能最终在物流客户拜访方面有所收获。

4. 技能训练准备

(1)学生每5人为一个小组,每个小组选一名组长;
(2)卡片若干张;
(3)教师现场指导;
(4)训练时间安排:2学时。

5. 技能训练步骤

(1)以每位学生为单位,在卡片上写出拜访的方法;
(2)各组通过卡片问询法,总结出适合该客户的拜访技巧;
(3)以组为单位完成物流客户拜访技巧的确定;
(4)每组派一位代表陈述结果。

6. 技能训练注意事项

(1)一丝不苟,认真填写卡片;
(2)卡片汇总后要进行归类;
(3)调研内容的确定要有依据、要准确。

二 思考练习

1. 简答题

(1)为什么要拜访物流客户?
(2)物流客户拜访前,应做哪些准备工作?
(3)物流客户拜访的具体流程有哪些?
(4)物流客户拜访过程中有哪些注意事项?
(5)有效的物流客户拜访可以有哪些收效?试举例说明。

2. 案例分析题

HTSS 速达公司的发展

HTSS 速达公司是某市一家新兴的民营物流企业，专门从事快速消费品物流配送业务。公司自有配送车辆 30 台，在市区有大型仓库 1 座，面积 5000m^2。

郝东作为速达公司的物流总监，非常认同公司发展快速消费品物流的定位。他知道作为一家民营企业，在资金实力不足的情况下，从事快速消费品物流是明智的选择。首先，快速消费品物流进入门槛低；其次，快速消费品在本地及周边地区均有巨大的消费市场。比如世界 500 强的两家可乐公司均设厂在该市，国内乳业巨头伊利和蒙牛位居周边，本地还有统一、雀巢、康师傅、王朝、娃哈哈等多家食品公司。郝东直观的市场判断是，公司用 2 年左右的时间，通过与 3~5 个较大规模的客户合作，建立一个完善的区域快速消费品物流网络平台将有巨大潜力。

经过一番市场调研，郝东把目标聚焦在本地企业美心饮料公司。美心饮料公司是近年来饮料行业的黑马，发展速度很快。郝东拜访了美心饮料公司的物流总监王刚，了解到该公司拥有自营物流体系，包括有自己的车队、配送中心，甚至正在开发自己的物流配送软件。王刚认为公司的物流配送体系正在日益完善，没有必要进行物流外包。虽然他听了郝东对物流外包优点的一番陈述曾一度心动，而且之前还有几个其他同类企业也对他做过宣传，但他对物流业务外包仍心存诸多疑虑。

郝东又拜访了美心饮料公司配送经理马先生和仓库经理李先生。马经理透露，公司产品的季节性非常明显，每年的 1 月、11 月、12 月是淡季，6~8 月是旺季，其他月份比较平均。旺季时公司车辆每天经常要跑 16h，驾驶员非常疲劳，即便如此还经常出现不能满足公司 24h 送货承诺的现象，甚至出现销售网点断货。而在淡季时，公司有近 40% 的车辆闲置。

马经理是郝东的同学，他详细介绍了美心公司目前的配送操作流程：

(1) 每日下午 6 点订单处理中心停止接受订单。订单处理通常在 1~2h 完成并传输到仓库；

(2) 仓库收到订单后全部打印出来，打印时间通常需要 2~4h；

(3) 公司尚没有计算机配载系统，需要人工将全部订单先按照地理位置合并成不同的订单组，再按照公司车辆的载货量和具体线路将订单分到单车，这个过程通常需要 3~6h；

(4) 合并的单车订单要生成装车单，这个过程需要 1~3h；

(5) 打印全部装车单需要 1~2h；

(6) 第二天上午 8 点，送货车驾驶员拿到装车单，到仓库逐个排队交单，由仓库拣货工拣选货物，这个过程通常需要 1~3h；

(7) 货物拣好后，由装卸工装车，驾驶员负责监装，这个过程需要 1~2h；

(8) 驾驶员和装卸工一同开车送货到客户并卸货，因为每辆车一趟一般要送 10 家左右的客户，这个过程通常需要 1~5h。

在旺季以及一些公司的促销活动中，订货量经常持续增加，常常出现车辆不足的情况，每次都是临时找外部车辆协作。除了要耽误时间外，一旦找不到车辆，就要将订单压到次日,有的订单甚至积压到 3 天以后,造成许多客户投诉。

另外,马经理给了郝东一些公司的销售和配送前置期的统计数据(表2-3)。虽然这些数据都是过去的平均统计数字,但对了解企业现在真实的物流和销售情况还是很有价值的。对统计数据进行分析后,郝东对拿下美心公司物流外包业务重新树立了信心。

2010 年 7 月份销售量和客户订单前置期统计数据　　　　表 2-3

渠　道	数量(家)	月均销量(箱)	月总销量(箱)	前置期(h)
超　市	18	230	4140	15
便利店	631	10	6310	48
加油站	95	55	5225	24
批发商	139	210	29190	18
宾　馆	173	80	13840	36
餐　馆	1530	45	68850	18
网　吧	579	310	179490	48
学　校	163	298	48574	48
其　他	826	120	99120	24
合　计	4154	1358	454739	

问题:

请根据上述案例,分析在物流客户拜访过程中应注意哪些方法和策略?

任务四　物流客户沟通技巧

(1)利用互联网,收集物流客户资料;
(2)由小组讨论,选择某个物流客户;
(3)针对具体客户,选择最适合的沟通技巧;
(4)总结各种客户沟通技巧的优缺点。

可采用讲授、情境教学、案例教学和分组讨论等方法。

一　物流客户沟通技巧的确定

1.情境设置

海尔集团作为家电行业的龙头,创立于 1984 年,创业以来,坚持创业和创新精神开创世界名牌,已经从一家濒临倒闭的集体小厂发展成为全球拥有 7 万多名员工、2010 年营业额达

1357亿元的全球化集团公司,多年稳居中国企业500强前列。请根据家电行业物流公司的特点,确定与其物流客户的沟通方法。

2. 技能训练目标

能够根据物流企业的发展状况和行业特征,确定该行业物流客户的沟通技巧。

3. 相关理论知识

1)沟通的基本知识

沟通是人与人、人与某一特定群体、群体与群体之间思想、情感和信息传递、互动和反馈的过程。通过有效地沟通,使双方达到统一思想、情感交流、消除障碍、互通信息的最终目的。

(1)沟通的过程。

沟通的过程包括信息传收、信息处理和信息反馈三个步骤。

沟通双方通过语言、文字、形体等进行信息(思想、情感)的传收,众多信息汇集到一起后,双方结合信息内容进行快速分析和处理,形成观点,并反馈回去,进而达到双方沟通的最终目的。

(2)沟通的重要因素。

沟通包含三个重要因素,即沟通的内容、沟通的方式和沟通的结果。

①沟通的内容。沟通有别于非正式场合的闲聊,双方首先要确立一个明确的目标,这是沟通最重要的前提。紧紧围绕这一目标,通过信息传递、互动反馈等形式,展开高效的交流工作。

②沟通的方式。即语言沟通、文字沟通和形体语言沟通。其中,语言、文字更擅长传递信息,形体语言更擅长传递思想和情感。语言沟通即采用面对面的交谈、汇报等形式来完成信息的传递;书面语言即采用信函、广告、传真、多媒体演示、视频等形式来完成信息的传递;形体语言即通过动作手势、眼神、表情等形式来传递思想和情感。

③沟通的结果。即双方针对某一特定事宜取得相互理解,并达成双方一致认可的共同协议,这也是双方沟通是否真正结束的标志。如果未能达成双方一致认可的协议,即为无效的沟通。

(3)沟通的方法。

不同的人与群体对于事物的认知和态度自然不同,因此在交流互动、行为发生上往往会产生障碍和矛盾。沟通的目的就是为了消除障碍、化解矛盾,使之达到统一。在人们的正常生活和工作中,错误的沟通方式会给双方带来误解和伤害,只有掌握正确的沟通方法,才能有效控制事物发展的进度。

①注重目的、事实的表达。沟通的目的就是为了传递信息、消除障碍、达成共识。因此,在沟通过程中要注意及时、清楚地陈述自身的目的或观点,而不是含糊、模棱两可地表达,同时要通过既定事实来证明己方观点。

②注重沟通时的态度。在沟通过程中,一定要保持积极、认真的态度,站在对方的角度去想问题,而不是一味地评论对方的言行。要注意自身的措辞,更不能粗暴地打断对方,以免引起对方的反感。

③注重沟通对象的选择。沟通时要特别注重沟通对象的选择,因为只有沟通双方地位、

身份、实力等因素对等才是正常沟通乃至沟通成功的基础。在实际的工作中,要遵循"同级沟通"的原则,避免出现"越级"的现象。例如,业务拓展人员在拜访目标客户时,可与客户具体业务部门相关工作人员取得联系,而不能直接与客户最高级别经理联系,以免引起对方的不悦。"同级沟通"在遵循目标客户工作流程的同时,能有效提高客户对自身的评价,也展示了自身的职业素养和工作态度。

④注重沟通地点的选择。沟通时要根据沟通对象的层次、喜好来慎重选择沟通地点。因为沟通地点的选择已经超越其原本的意义,它代表了沟通双方对待事件的态度。例如,为了展示企业自身实力,可以邀请客户来企业参观,也可将沟通地点选择在豪华酒店或商务中心,以显示自己对对方的尊重和重视。

⑤注重信息的反馈。在沟通过程中,信息发送方向信息接收方发送了大量的信息,在接收方阐述己方观点的时候,发送方要注重信息的反馈和收集,并根据情况及时调整思路或予以答复。

2)面对面的沟通技巧

在所有的沟通方式中,面对面的沟通是最重要也是最有效的,起着承上启下的作用,也是给沟通双方留下深刻印象的关键环节。

(1)面对面沟通的目的。

一是为了使双方建立互相信任的关系;二是为了完成双方对于某一事物的诉求,彼此了解对方需求,并从中建立平衡点。

(2)面对面沟通的前期工作。

①做好准备工作。收集并整理好沟通内容所需的资料,特别是双方极有可能产生分歧的部分,要做足功课,以备不时之需。只有对沟通内容了然于胸,才能做到应对自如,让对方感觉到自己的自信和专业。

②注意自己的衣着、发型等。正式场合下不能穿运动装、休闲装,而要穿西服、扎领带,以表示自己对对方的尊重。

③了解沟通对象的基本情况。要了解沟通对象的年龄、级别、性格、语言风格、工作作风、个人喜好等,做到知己知彼,避免做出引起对方反感的行为。

(3)面对面沟通过程中的细节问题。

①要学会"说"。根据统计,一个人每分钟能说出120~180个字,面对如此大的信息量,要想迅速明白彼此意见,就必须学会"说"。面对面沟通开始前,要面带微笑,主动地介绍自己的姓名、单位、职务,推荐人的名字以及自己此行的目的,语气要让对方觉得热情、真诚。

在与控制型的对象沟通时,一定要注意语言简练,不拖泥带水、拐弯抹角,与沟通内容无关的尽量少说,直截了当即可,万不可滔滔不绝、东拉西扯;在与互动型的对象沟通时,可以适当采取一些形体语言,使彼此距离更近,同时也要及时回应对方反馈的信息,确保双方能在一定时间段内快速达成一致。

此外,还要注意,在面对面的沟通过程中避免使用"我尽量"、"有可能"、"好像是"之类含糊不清的词汇,因为这样会给对方留下很不好的印象,觉得自己的前期准备不足或双方尚未达到进一步沟通的时机,进而终止沟通。

在沟通过程中,也可以根据实际情况、对方的态度等及时调整计划。例如,对方还有公务在身,就应该缩短自己的说话时间,尽量让对方阐述观点,以了解对方对此事的观点和态度,并为下次的沟通交流做准备。

②要学会"听"。在沟通的过程中,"听"是最为关键的一步。只有认真的"听",才能得知对方对于事件的态度和处理办法,在倾听过程中要记住对方所说的内容,不要让对方因为自己的失误而重复一遍。同时要注意自己的身体语言,保持与对方的目光交流,不可眼神飘忽,即便是对方的观点并不为自己所接受。对于双方达成一致的部分,要及时回应,并进一步巩固成果。

在听的过程中,还要注意多站在对方立场上想问题。例如,"对方为什么要这样说"、"对方这样说是想表达什么样的思想和情感",并根据这些内容组织语言,及时反馈回去,以得到对方的肯定。

在听的过程中,身体要略微前倾,保持一个积极的姿态。同时,要做到频繁的点头,以鼓励对方继续表达。

③要学会"问"。在确认沟通双方需求的过程中,提问是最有效的方法。但也要注意提问的技巧,避免出现"问不到点子上"的现象,浪费时间。

要掌握提问的技巧,必须先明确提问的类型,即开放式提问和封闭式提问。

开放式提问是指提出比较概括、广泛、范围较大的问题,对回答的内容限制不严格,给对方以充分自由发挥的余地。这样的提问比较宽松,不唐突,也非常得体。例如"您觉得我们的方案如何?"这样提问对方可能会表达出很多信息,方案非常细致,思想非常清晰或还需要对某一部分进行修改等。

开放式提问的优点是便于营造轻松的沟通氛围,全面收集信息,并了解对方是否真正理解自己的意图。缺点是费时较多,得到的无效信息也多,甚至跑题等。因此,在需要了解大量信息的情况下,可以使用开放式提问的办法。

封闭式提问是指提出答案有唯一性、范围较小、有限制的问题,对回答的内容有一定限制。提问时,给对方一个框架,让对方在可选的几个答案中进行选择。这样的提问能够让回答者按照指定的思路去回答问题,而不至于跑题。例如,"您对我们提出的报价还有没有异议?"这样提问得到的答案肯定是"有"或"没有",非常简洁。

封闭式提问的优点是可以控制沟通节奏,迅速确认沟通结果。缺点是只能得到反馈信息,不能全方位的收集信息。同时,封闭式提问带有一定的"攻击性",使得对方很难有发挥的余地。因此,在面对面的沟通过程中,要尽量减少封闭式提问的次数,以免对方觉得"自己很被动"。

同时,提问者要注意自己的声调,不要让对方感觉你在审问他,或者对他表示怀疑。

④学会"拒绝"。在沟通过程中,如果对于对方提出的观点不能接受,要委婉的拒绝,断不可一口回绝,使对方置于尴尬的境地。例如,"我非常愿意和您合作,但您提出的这个方案我暂时还做不到","您提的这个意见非常好,不过我们担心暂时还不能实行"。

3)电话沟通技巧

随着通信科技的不断发展,人与人之间的联系也变得更为频繁、更为直接、更为方便,因此要加强电话沟通技巧的学习。一个礼貌的、具有亲和力的、目的明确的电话往往可以迅速打开局面,起到事半功倍的效果。

(1) 电话沟通前的准备工作。

在进行电话沟通前,一定要做好准备工作,因为受时间、空间等限制,无法进行长时间的沟通,所以一定要明白以下几点:

给谁打电话?对方的职务是什么?

如何介绍自己?

如何在较短的时间内介绍自己打电话的目的?

如何激起对方的好奇心并进一步关注?

如何让对方迅速接受自己的观点和诉求?

如何加强随后的联系?

(2) 电话沟通的细节问题。

①要掌握一定的电话礼仪知识。电话是通过声音来传递信息的,但这其中还包含了一个人的语言能力、知识水平等信息,对方会结合这些信息对自己进行一个初步判断,因此必须掌握相关的电话礼仪知识,将自己调整到最佳状态,给客户留下良好的印象。

在电话沟通的过程中,一定要保持良好的坐姿;全神贯注,避免在打电话过程中做其他事情;语言得体,让对方感觉到自己良好的职业素养;声音有力、热情,让对方感觉到自己的诚意。

例如:"您好,是××吗?我是××公司××部的××,经××介绍,给您打电话,想就××事与您进行一个初步的沟通"。

②做好准备再打电话。打电话前要将自己的思路进行整理,逐条逐项记录在纸上,这样可以使自己的思路清晰,更好地表达重点问题。电话沟通中要提到的数据、方案等文件要摆在醒目位置,避免手忙脚乱。

③做好电话记录。将纸和笔放在手边,随时记录对方提出的重要问题或建议,结束后及时整理通话记录以便分析。对于沟通时间较长的情况,可以考虑用电话录音等形式,全面收集信息。

④要有重复内容的意识。受电话线路、信号干扰、环境影响等客观因素,有时候双方会难以明白彼此所表达的意思,一定要重复一遍的意识,不能急躁。如客户打电话订购货品时,对于产品名称、型号、数量等信息,在记录后一定要向对方重复一遍,以进一步确认。

⑤要有控制通话时间的意识。通话时间太长,难免会给彼此带来麻烦,因此电话沟通一定要注意时间节点,避免长时间介绍自己的观点和看法,引起对方不悦。一般情况下,通话时间不要超过10min。如在这一时间段内双方还无法达成一致,可以预约,改为面对面沟通。

4) 电子邮件沟通技巧

电子邮件以其成本低、速度快、信息承载量大等特点,为人们日常工作和生活的沟通提供了很多便利。如果使用恰到好处,沟通双方可以不受时间和空间影响,迅速建立起联系。

(1) 注重邮件标题的撰写。一个好的标题可以引起对方的注意,从而与其他邮件特别是垃圾邮件区别开来。标题要包含邮件的主旨大意,简明扼要、信息完整。

(2) 注意邮件内容的撰写。通过电子邮件,对方可以看出自己的文字水平和诚意。因此,在邮件撰写过程中,要做到文字流畅,标点符号运用正确,尽量不要使用生僻字、异体字。引用数据、资料时最好标明出处,以便对方核对。

(3)在邮件正文对附件内容进行简短的总结,使对方知晓这封邮件的大致内容,也有效避免了因附件出错、无法查看等原因造成的误会。

(4)有邮件和电话沟通并行的意识。当向对方发送一封重要的邮件后,要及时打电话告知对方,以免耽误时间,影响事件发展进度。

4. 技能训练准备

(1)学生每5人为一个小组,每个小组选一名组长;

(2)卡片若干张;

(3)教师现场指导;

(4)训练时间安排:2学时。

5. 技能训练步骤

(1)以每位学生为单位,在卡片上写出沟通的方法;

(2)各组通过卡片问询法,收集各种不同的沟通方法;

(3)以组为单位完成物流客户沟通技巧的确定;

(4)每组派一位代表陈述结果。

6. 技能训练注意事项

(1)一丝不苟,认真填写卡片;

(2)卡片汇总后要进行归类;

(3)调研内容的确定要有依据、要准确。

二 思考练习

1. 简答题

(1)什么是沟通?沟通包括哪些过程?

(2)在与客户沟通过程中,应注意哪五方面的内容?

(3)面对面沟通的技巧有哪些?

(4)电话沟通的技巧有哪些?

(5)电子邮件沟通的技巧有哪些?

2. 案例分析题

某快递公司客服人员的客户洽谈场景

[情境一]

客服人员甲:"我公司最新推出市内快递业务,可以为您提供文件、证件、企业对账票据、经营资料、卡类等小件物品的同城配送服务。请问您有兴趣吗?"

物流客户:"我对产品不了解,我用不着。"

[情境二]

客服人员乙:"我公司最新推出市内快递业务,可以为您提供文件、证件、企业对账票据、经营资料、卡类等小件物品的同城配送服务。这种业务传递时限快,一般在4~24h内送达;而且查询也简单,可通过互联网进行跟踪查询;可实现收件人付费;提供代收货款并且回单服务。"

物流客户:"这种业务听起来倒不错,不知道价格如何?"

[情境三]

客服人员丙:"我公司最新推出市内快递业务,可以为您提供文件、证件、企业对账票据、经营资料、卡类等小件物品的同城配送服务。这种业务传递时限快,一般在4~24h内送达;而且查询也简单,可通过互联网进行跟踪查询;可实现收件人付费;提供代收货款并且回单服务。特别值得一提的是,我们的价格是全市最低的。"

物流客户:"这种业务听起来倒不错,但我不知道你说的是真的还是假的?"

[情境四]

客服人员丁:"我公司最新推出市内快递业务,可以为您提供文件、证件、企业对账票据、经营资料、卡类等小件物品的同城配送服务。这种业务传递时限快,一般在4~24h内送达;而且查询也简单,可通过互联网进行跟踪查询;可实现收件人付费;提供代收货款并且回单服务。特别值得一提的是,我们的价格是全市最低的,现在公司正开展免费体验服务,您看是不是体验一下?"

物流客户:"这种业务听起来倒不错,那我就试试?"

问题:

此案例给你什么启示?请分析以上四位物流客服人员在与客户沟通时有哪些技巧?

项目三　物流客户接待

现代的物流企业不单单是在追求能够按照物流客户的需求对运输、储存、装卸、包装、流通加工、配送等基本功能进行组织和管理,还要求能够礼貌地、认真地、严谨地接待各种有物流需求的客户。在接待客户时,好的妆容仪表、行为谈吐及流程计划可以更好地对客户表示尊重,满足客户需求,提升公司形象,提高竞争优势,增加供应链利益,以取得对客户价值的最大化,并对物流企业的发展有着重要的作用。

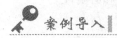

1. 知识目标

(1)了解客户接待(来访来电)时要注意的礼仪;

(2)掌握物流客户接待的流程与方法。

2. 技能目标

(1)能按照客户接待礼仪的要求接待客户;

(2)能在客户接待时礼貌并准确地介绍企业情况,满足客户需求;

(3)能制作物流客户接待流程;

(4)能对物流客户的来访、来电、来函进行有效处理。

案例导入

被遗忘的客人

某大学张教授打长途电话给某市某物流公司,告知其同意接受邀请,并于明天飞抵该市,前来为公司讲课,请届时到机场接站。该公司办公室秘书小范接了电话,满口答应。第二天,当张教授走出机场时,左右环顾,静等了十几分钟,仍无人前来接站。张教授就打电话到该公司办公室,询问是否知道他来,怎么没有来接站。这时,范秘书才想起该事,"哦"了一声,连忙道歉,说"忘了"。张教授十分不高兴,但出于职业道德考虑,仍然自己乘坐出租车前往该公司。原来事情是这样的,当天范秘书在接完电话后,正准备安排落实接待车辆和食宿事宜,这时公司领导突然让她外出办理重要事情,回来后,已有好几个人正等着她办理其他事情,范秘书忙于处理,最后竟把接待张教授的事情给忘记了。

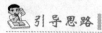

(1)该公司范秘书的失误在哪里?
(2)如果是你,要如何安排此次接待工作,尽量让张教授满意?

任务一 客户接待礼仪知识

(1)利用互联网收集资料,观看客户接待礼仪讲座视频,了解客户接待时要注意的事项;
(2)假设场景,由小组讨论,列举出接待客户时的礼仪项目;
(3)模拟客户接待,完成一次客户接待。

可采用讲授、情境教学、案例教学和分组讨论等方法。

教学内容

一 客户接待礼仪的含义

1. 情境设置

兴发物流公司已成立多年,随着公司规模的不断扩大,客户范围的不断增加,为了提高公司的服务质量与工作效率,提升公司总体形象,需要公司全体员工提升整体形象,从妆容、仪表、谈吐及行为上都更符合职业要求。请根据该公司的要求,收集与客户接待相关的礼仪知识,做好客户接待的礼仪训练。

2. 技能训练目标

根据物流企业客户接待的要求,认识在进行客户接待时礼仪的重要性和必要性。

3. 相关理论知识

1)客户接待礼仪的基本概念

礼仪属于道德范畴,是人类社会活动的行为规范,是人们在社交活动中应该遵守的行为准则。通常是指在较大或较隆重的场合,为表示尊重、重视、敬意等所举行的合乎社交规范和道德规范的礼仪。礼仪具体表现为礼貌、礼节、仪表、仪式等。

人们在现代社会从事着各种各样的工作,在工作过程中,客户接待是体现公司风貌、体现公司整体素质、让客户了解公司状况的重要环节。公司发展得好坏直接表现在所拥有的客户数量。所以,做好客户接待工作,是公司发展的重要条件。

客户接待工作是一项热情、周到、细致的工作,必须遵循礼貌、负责、方便、有效的原则。要做好接待工作,需要把握接待工作中的礼仪。

2）客户接待礼仪的基本内容

从内容上讲，客户接待礼仪是由礼仪的主体、礼仪的客体、礼仪的媒体、礼仪的环境四项基本要素构成的。

（1）接待礼仪的主体。

接待礼仪的主体是指接待礼仪活动的操作者和实施者。它可以是个人，也可以是组织。当接待礼仪活动规模较小、较为简单时，其主体通常是个人；当接待礼仪活动规模较大、较为复杂时，其主体通常是组织。没有礼仪的主体，礼仪活动就不可能进行，礼仪也就无从谈起。

（2）接待礼仪的客体。

接待礼仪的客体是指礼仪活动的指向者和承受者，又称为礼仪的对象。礼仪的外延很宽，可以说一切在礼仪主体看来真、善、美的东西，都可以称为礼仪的对象。例如：教师上课，学生们起立敬礼，教师就是学生礼仪的对象。

礼仪的对象可以是人，也可以是物；可以是物质的，也可以是精神的；可以是具体的，也可以是抽象的；可以是有形的，也可以是无形的。没有了礼仪的客体，礼仪就失去了对象，也就不能称之为礼仪了。

接待礼仪的客体和主体两者之间既相互对立又互相依存，且在一定条件下可以相互转换。如接待人员用礼貌的语言接待客户，那接待人员就是礼仪的主体，客户是客体；如果客户也礼貌地回应接待者，则接待者就是礼仪的对象了。

（3）接待礼仪的媒体。

接待礼仪的媒体是指礼仪活动所依托的媒介，即礼仪内容与礼仪形式的统一。接待礼仪的媒体类型多样，归纳起来可以分为语言交际符号和非语言交际符号两类。在具体操作时，不同的礼仪媒体往往是交叉、配合使用的。

（4）接待礼仪的环境。

接待礼仪的环境是指礼仪活动得以进行的特定的时空条件，大体可以分为自然环境和社会环境两大类。不同的礼仪环境决定了实施何种礼仪，也决定着礼仪的实施方法。

3）接待礼仪的特征及原则

（1）客户接待礼仪的使用性非常广，可用于所有有接待需要的单位及企业，本书侧重于商务接待方面。在商务接待礼仪方面，它有自己的特点。

①具有规范性。商务接待礼仪对商务人员待人接物的标准做法有着比较严格的规定，商务人员在商务接待活动过程中，要严格遵守商务领域特有的约定俗成的规范。例如：在接待活动过程中，商务接待人员的打扮必须符合身份，符合行业规范，从而通过规范化的着装在展示接待人员自身素质的同时，又体现企业的形象。

②具有对象性。商务接待礼仪讲究对象、场合，因人而异，因地制宜。要善于根据不同的对象和场合灵活掌握和运用各种礼仪规范。例如：在接待时为客人引路，行进时位次排列讲究前者为尊，但让客人在前的前提是客人认识路，若客人不认识路，则应由接待者在前面带路。

③具有技巧性。商务接待礼仪具有很强的操作性，在具体实施和运用时，有很多的技巧可循。商务人员要不断培养和提高自己的礼仪操作技巧，并可以把各种技巧切实运用到商

务接待的各个环节中。从实际情况出发,随机应变,切实做到尊重客户、方便客户、为客户着想。

(2)接待礼仪的原则。

在商务接待活动中,要高度体现出对客户及客户所代表的单位企业的尊重,而体现这种尊重有三个重要途径,即接受对方、重视对方和赞美对方。

①接受对方。接受对方就是商务人员在进行接待活动时,要宽以待人,不责备对方,不打断对方,不拒绝对方,不让对方难堪,做到"想客户之所想,急客户之所急"。例如:商务接待人员在接待工作中,除了要做到使用礼貌用语,注意"来有迎声,问有答声,去有送声"外,还要对来宾表现出足够的热情,否则会给对方带来被勉强、被胁迫、不耐烦的感觉。

②重视对方。重视对方也就是要尊敬每位客人。例如:在称呼对方时要使用尊称,对有行政职务的要称行政职务,说明尊重他的权利,如"王总经理"等。重视对方还表现在要记住对方,即要牢记一个常识:把对方的名字搞错了,会得罪对方;把对方的职务搞错了,不尊重对方。例如:接过名片时一定要当着对方的面认真默读,不懂之处当即请教。其目的有两个:一是对对方表示重视;二是了解对方的确切身份,以免张冠李戴。

③赞美对方。赞美对方就是要善于发现对方的优点,给对方予以欣赏和肯定,以表示对对方的尊重。真诚而恰当的赞美,能增加彼此的相互信任,促进彼此间的沟通和交流,使接待活动的气氛更加和谐。

4. 技能训练准备

(1)多媒体教室;
(2)学生每5人为一个小组,每个小组选一名组长;
(3)卡片若干张;
(4)教师现场指导;
(5)训练时间安排:2学时。

5. 技能训练步骤

(1)以每位学生为单位,在卡片上写出个人认为学习客户接待的意义及作用,然后在组内进行讨论,归纳总结;
(2)各组可利用1~2个多媒体工具(PPT、白板等)向教师及其他各组说明本组观点,其他各组进行观察,对照自己的卡片完善对客户接待礼仪的认识;
(3)以组为单位完成对本组的评价;
(4)每组派一位代表陈述结果。

6. 技能训练注意事项

(1)一丝不苟,认真归纳,认真填写卡片;
(2)认真准备说明材料,阐述说明时要求简洁有序;
(3)评价报告内容要求认真书写。

二 客户接待礼仪

1. 情境设置

兴发物流公司成立10周年之际,为了答谢长久以来客户们的支持,决定举办"公司成立

10周年庆典",届时将邀请一些老顾客出席庆典。请根据公司的这一情况,做好接待客户的礼仪训练。

2. 技能训练目标

根据公司要求,认识客户接待时要注意的礼仪,学会礼仪的实际运用技巧,并能完成模拟客户接待训练。

3. 相关理论知识

接待宾客来访是企业日常工作中的一项经常性工作,在接待中的礼仪表现,不仅关系到个人形象,还涉及企业和部门的形象。因此,接待礼仪历来受到各企业及部门的重视。在客户日常接待中,应该遵守以下礼仪规范。

1) 个人仪表

个人是接待活动的基本参加者,离开了个人的参与,接待活动难以进行,更无从谈起。每个人在以礼对待客户的同时,也有必要对个人形象加以关注,以免非礼失仪。在客户接待的过程中,接待人员的形象直接影响客户对企业的评价,它不仅表现出个人素质,还体现了企业的形象。

(1) 保持面部干净清爽,口腔无异味。男士注意不蓄须,鼻毛不外露。

(2) 头发干净整洁,以短为宜。女士头发过肩时宜挽束起来。

(3) 手部清洁,指甲长不过指尖,腋毛不外观。女士不染醒目甲彩,不做甲绘。

(4) 女士化淡妆,切忌浓妆艳抹和当众化妆。

(5) 戴眼镜的人员要随时保持镜片与镜架的清洁。

(6) 站有站相,坐有坐相,行有行姿,蹲姿规范,手势运用得体。

(7) 面带微笑,表情大方、自然、专注、友善。

(8) 着装应正统,不准穿过于杂乱、鲜艳、暴露、透视、短小和紧身的衣服。

(9) 宜穿套装、套裙和制服,不准穿时装和便服。

(10) 男士西装、套装一定要平整,注意全身不要超过三种颜色。

(11) 男士西装最佳颜色是蓝色,其次是灰色,再次是黑色;质地以纯毛为最佳;款式以单排扣为最佳。

(12) 女士套裙的颜色可丰富一些,而且上下衣的颜色可以不同,但最多不要超过两种颜色。

(13) 女士穿裙装时忌穿黑色皮裙;注意裙、鞋、袜子相搭配;不要光脚、光腿。

(14) 女士丝袜以单色为宜,在穿着时注意不要有勾丝、破洞,不要将袜口露在裙外。

(15) 佩戴的饰物以少为佳,最多不超过三件。若佩戴两件以上的首饰,其基本原则是"同质同色"。

(16) 不宜佩戴名贵珠宝或过长或过重的首饰。

2) 迎接礼仪

迎来送往,是社会交往接待活动中最基本的形式和重要环节,是表达主人情谊、体现礼貌素养的重要方面。尤其是迎接,是给客人良好第一印象的最重要工作。若给对方留下好的第一印象,就为下一步深入接触打下了基础。迎接客人要有周密的部署,应注意以下事项。

(1)对前来访问、洽谈业务、参加会议的客人,尤其是外国、外地客人,应首先了解对方到达的时间、方式(车次、航班等),要安排与客人身份、职务相当的人员前去迎接。若因某种原因,相应身份的主人不能前往,前去迎接的主人应向客人做出礼貌的解释。

(2)主人到车站、机场去迎接客人,应提前到达,恭候客人的到来,决不能迟到,让客人久等。客人看到有人来迎接,内心必定感到非常高兴,若迎接来迟,事后无论怎样解释,都很难消除这种失职和不守信誉的印象。

(3)接到客人后,应首先问候"一路辛苦了"、"欢迎您来到我们这个美丽的城市"、"欢迎您来到我们公司"等。然后向对方进行自我介绍,如果有名片,可送予对方。

名片是一个人身份的象征,当前已成为人们社交活动的重要工具。因此,名片的递送、接受和存放也要讲究礼仪。

①名片的递送。在社交场合,名片是自我介绍的简便方式。交换名片的顺序一般是:先客后主,先低后高。当与多人交换名片时,应依照职位高低的顺序,或是由近及远依次进行,切勿跳跃式地进行,以免给对方造成厚此薄彼之感。递送时应将名片正面面向对方,双手奉上。眼睛应注视对方,面带微笑,并大方地说:"这是我的名片,请多多关照"。你想得到对方名片时,可以用请求的口吻说:"如果您方便的话,能否留张名片给我?"

名片的递送应在介绍之后,在尚未弄清对方身份时不应急于递送名片,更不要把名片视同传单随便散发。

②名片的接受。接受名片时应起身,双手接名片,面带微笑注视对方。接过名片时应说:"谢谢",随后有一个微笑阅读名片的过程。阅读时可将对方的姓名直接念出声来,并抬头看看对方的脸,使对方产生一种受重视的满足感。然后,回敬一张本人的名片,如身上未带名片,应向对方表示歉意。在对方离去之前,或话题尚未结束时,不必急于将对方的名片收藏起来。千万不要看也不看就放入口袋,也不要顺手往桌上扔。

③名片的存放。接过别人的名片切不可随意摆弄或扔在桌子上,也不要随便地塞在口袋里或丢在包里。应放在西服左胸的内衣袋或名片夹里,以示尊重。

(4)在汽车站、火车站、机场接客人时举的牌子应该有公司名和人名,最好有欢迎词。客人来了要主动接行李,而且要挑最重的,就算推辞也要接过来。

(5)迎接客人应提前为客人准备好交通工具,不要等到客人到了才匆匆忙忙去准备,那样会因让客人久等而误事。

(6)主人应提前为客人准备好住宿,帮客人办理好一切手续并将客人领进房间,同时向客人介绍住处的服务、设施,将活动的计划、日程安排交给客人,并把准备好的地图或旅游图、名胜古迹等介绍材料送给客人。

(7)将客人送到住地后,主人不要立即离去,应陪客人稍作停留,热情交谈,谈话内容要让客人感到满意,比如客人参与活动的背景材料、当地风土人情、有特点的自然景观、特产、物价等。考虑到客人一路旅途劳累,主人不宜久留,让客人早些休息。分手时将下次联系的时间、地点、方式等告诉客人。

3)客人来访时的接待礼仪

当有客户到访时,在接待过程中要注意以下几点。

(1)主动热情地接待客人。在客人到达时,参与接待的相关领导和工作人员,应前往门口迎接。当客人进入办公室或会客室时,接待人员要起身上前,握手相迎。客人要找的负责人不在时,应明确告诉对方负责人到何处去了,以及何时可以到达。可以请客人留下电话、地址,明确是由客人再次来单位,还是我方负责人到对方单位去。若时间不长,客人愿意等待,应该向客人提供饮品、杂志,并时常为客人更换饮品。

（2）客人到来时,我方负责人由于种种原因不能马上接见,应由秘书或其他人员接待客人,向客人说明等待理由与等待时间,不能冷落来访者。正在接待来访者时,有电话打来或有新的来访者,应尽量安排秘书或其他工作人员接待,以免中断正在进行的接待。

（3）在接待过程中要保持亲切灿烂的笑容。笑是世界的共通语言,也是接待人员最好的语言工具,访客接待的第一秘诀就是展现亲切笑容。当客户来访时,接待人员绝对不能面无表情地说:"你找谁？"、"有什么事吗？"、"你先等一下",这样的接待会令客户很不自在。相反,一定要面带笑容,使用简单明了的礼貌用语。例如:您好,请问有什么需要我服务的吗？

（4）接待人员带领客人到达目的地,应该有正确的引导方法和引导姿势。

接待人员在为访客引路时,引导的手势要优雅。男性接待人员在做引导时,需要行礼、鞠躬,手伸出的时候,眼睛要随着手动,手的位置在哪里,眼睛就跟着去哪里。如果客人问及某一地点时,千万不要口中说"那里走",手却指着不同方向。

在走廊的引导方法。在走廊,接待人员应在客人的左斜前方,距离二三步远,配合步调,若左侧是走廊的内侧,让客人走在内侧。

在楼梯的引导方法。当引导客人上楼时,假设接待者是女性,应该让客人走在前面,客人在楼梯里侧向上行,引导者走在中央,配合客人的步伐速度引领;若是下楼时,引导者走在客人前面,客人走在里侧,引导者走在中间,边注意客人动静边下楼。接待人员应该注意客人的安全。

在电梯的引导方法。引导客人乘坐电梯时,接待人员先进入电梯,等客人进入后关闭电梯门,到达时,接待人员按"开"的钮,让客人先走出电梯。

会客室或客厅里的引导方法。当客人走入客厅,接待人员用手指示,请客人坐下,看到客人坐下后,才能行点头礼后离开。一般会客室里,离门最远的位置为主宾的位置,旁边是随主宾到来的人员位置,门口的位子是年龄辈分较低的员工的座位。如客人错坐下座,应请客人改坐上座,但不要勉强。

会客室座位安排除了遵照一般情况,也要兼顾特殊。有些人位居高职,却不喜欢坐主位,如果他坚持一定要坐在靠近门口的位置时,就顺着他的意思,让客人自己去挑他喜欢的位置,接下来只要做好其他位子的顺应调整即可。

诚心诚意的奉茶。人们通常习惯以茶水招待客人,在招待尊贵客人时,茶具要特别讲究,倒茶有许多规矩,递茶也有许多讲究。

在与客人交谈时,对客人的问题不要立刻回答,应思考后再作出答复,对一时不能作答的,要约定一个时间再联系。对能够马上答复的或立即可以办理的事,应当场答复,迅速办理,不要让来访者无谓地等待或再次来访。若来访者有无理或错误的要求,应有礼貌地拒绝并做一定的解释,不要让来访者尴尬。

（5）选择适当的时机结束接待。如果要结束接待,可以婉言提出借口,如:"对不起,我要参加一个会,今天先谈到这好吗?"等,也可用起身的体态语言告诉对方就此结束谈话。结束后要安排相关人员欢送客人离开。

(6)馈赠礼仪。

在经济日益发达的今天,人与人之间的距离逐渐缩短,接触面越来越广,一些迎来送往及喜庆宴贺的活动越来越多,彼此送礼的机会也随之增加。但如何挑选适宜的礼品,仍是一个令人费解的问题。懂得送礼技巧,不仅能达到大方得体的效果,还可增进彼此感情。但是赠礼也要遵循一定的规则,在挑选礼物时要根据受礼人不同的身份、职业、职务来挑选礼物。

①礼品的选择。在选择礼品时,无论是单位还是个人都希望选择的礼物既能表达自己的心意,又能使对方满意,可要做到这一点绝非易事。依照礼仪规范,选择礼品时要注意以下几个问题。

a. 选择的礼物,自己首先要喜欢。

b. 为避免几年选同样的礼物送给同一个人的尴尬情况发生,最好每年送礼时做一下记录。

c. 要明确与受赠者之间的性质、类型和状态。要区分是公务交往还是私人应酬,是旧友还是新识,是同性还是异性,是中国人还是外国人等,不同的关系选择不同礼品。

d. 站在受赠者的角度来选择礼物。只有站在受赠者的角度,考虑到受赠者的爱好、需求及使用方便,才能挑选出能让受赠者认为你尊重他、在乎他的礼物。

e. 根据不同的目的选择礼品。在接待客人的过程中,选择一些可以表现出热情、欢迎的意思的礼品,如鲜花。也可以从客人使用的角度出发选择礼品,表示关心客户,如茶杯或小电子产品等。好的礼品不是用价格去衡量,而是要将送礼人的心意融入礼品之中。

f. 重视礼品的纪念意义。礼品可以选择具有纪念意义或有历史意义的纪念品,或为某城市特色的纪念物,或为民族特色纪念物等。例如:若在云南,可以选择民族手工织绣的物品作为礼物。这类礼品,可令人睹物思人,产生美好回忆。

g. 选择具有独特性的礼品。礼品最忌讳"千篇一律",如果选择的礼品具有新、奇、特等特点,让人耳目一新,会让对方更深切地体会到送礼者的一番心意。

h. 由于风俗习惯、民族差异和宗教信仰等,在送礼方面形成了一些禁忌。因此,在礼品的选择上不能凭自己"想当然"自作主张,要主动了解受礼者的禁忌。例如:在我国香港,送红木制的小型棺材摆件,有"升官发财"的意思,但在内地是不吉利的东西。

i. 遵守国家的相关规定。不能选择违反国家法律法规的物品作为礼物。比如涉黄、涉毒一类的物品,尤其是国家对国家机关公务员收受的礼品做了明确的规定,若礼品价值过于贵重则有行贿之嫌。

j. 不选择不利于健康的物品,用过的旧物以及容易引起误会的物品均不能作为礼品。

②礼品的赠送。赠送礼品的方式很有讲究,如果赠送的方式不合适,不仅有损于礼物的价值,而且还会影响到对方对自己的印象。因此,能否把礼品合乎规范地赠送给对方,是整个馈赠行为能否取得成功的关键。礼品的赠送要注意以下几点。

a. 礼物要精心包装。送给他人的礼品,尤其在正式场合送人的礼品,一般都用专门的纸张包裹,或是把礼品装入特制的盒子、瓶子中,不要进行华而不实的包装。

b. 选择适当的时机。在国内,一般要选择节假良辰、婚丧喜庆之时,向对方表示祝贺、感谢、慰问之情。在接待过程中,可根据地方风俗和具体的情况安排送礼时机,一般是在迎接客户、客户落座或欢送客户时送。

c.送礼时表现要大方得体。礼品最好当面赠送。当面赠送时,赠送人要神情自然,举止大方得体。赠送礼品时,要有适当、认真的说明,语言要得体。

无论在日常客户来访接待还是活动邀请客户接待,都要遵守礼仪规范,尊重客户,为客户着想,力求让客户满意而归。

4.技能训练准备
(1)多媒体教室;
(2)学生每5人为一个小组,每个小组选一名组长;
(3)卡片若干张;
(4)教师现场指导;
(5)训练时间安排:2学时。

5.技能训练步骤
(1)以每位学生为单位,在卡片上写出客户接待要注意的礼仪内容;
(2)各组模拟一次客户来访时的接待过程(前门迎接—询问来意—引导),其他各组进行观察,对照自己的卡片,找出操作正确与错误的地方;
(3)以组为单位完成对本组实际操作的评价;
(4)每组派一位代表陈述结果。

6.技能训练注意事项
(1)一丝不苟,认真准备,认真填写卡片;
(2)认真观察各组模拟训练;
(3)评价报告内容要求认真书写。

三 思考练习

1.选择题
(1)当客户进入公司大门时,前台的接待人员应该(　　)。
　　A.坐在位置上等客户进来　　　　　　B.站在原位迎接客户
　　C.起身迎向客户
(2)当接待人员引领重要客户到达会客室时,客户要求坐在门口的位置(　　)。
　　A.在语言上请客户坐到主位上　　　　B.热情地拉着客户到主位上
　　C.就让客户坐在他想坐的位置上
(3)在引导客户上楼梯时,引导人员应(　　)。
　　A.走在客户前方,靠外侧　　　　　　B.走在客户后面,靠外侧
　　C.走在客户身边,靠外侧
(4)接待客户时,要向客户赠送礼品,赠礼人应(　　)。
　　A.把礼物当面送给客户　　　　　　　B.把礼物放在客户旁边,写上卡片
　　C.记录下客人信息,将礼物邮递给客户
(5)当客户询问公司业务时,接待人员应该(　　)。

A. 使用专业的词句向客户介绍　　　　B. 使用简单的词句向客户介绍
C. 给客户一份公司业务简介

2. 简答题

(1) 接待礼仪对接待人员的仪容仪表有什么要求？

(2) 简述接待礼仪的特征与原则。

3. 案例分析题

日本的著名企业家松下幸之助从前不修边幅，也不注重企业形象，因此企业发展缓慢。一天理发时，理发师不客气地批评他不注重仪表，说："你是公司的代表，却这样不注重衣冠，别人会怎么想，连人都这样邋遢，他的公司会好吗？"从此松下幸之助一改过去的习惯，开始注意自己在公众面前的仪表仪态，生意也随之兴旺起来。现在，松下电器的产品享誉天下，与松下幸之助长期的以身作则，要求员工懂礼貌、讲礼节是分不开的。

问题：

(1) 松下幸之助改变过去的形象与现在松下电器的壮大有什么关系？

(2) 公司员工的形象对公司发展有什么作用？你认为物流企业员工应保持什么样的风貌？

(3) 请结合个人情况，谈谈你发现身边有哪些企业在员工形象方面有待改善？哪些企业做得非常到位？对企业的经营有何影响？

任务二　物流客户接待流程

(1) 利用互联网，收集物流客户接待时需要设计的流程内容；

(2) 由小组讨论，选择某种客户接待情景；

(3) 拟订一份物流客户接待流程；

(4) 设计制作一份客户接待流程图。

可采用讲授、情境教学、案例教学和分组讨论等方法。

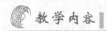

一　物流客户接待内容的确定

1. 情境设置

风速物流公司准备正式营业，公司在货物的运输、储存和配送等主要业务方面都做了长时间的准备，公司决定在正式营业之前完善公司接待客户的内容及顺序。请根据物流公司接待的特点，决定物流客户接待的内容。

2. 技能训练目标

能够根据物流企业的经营特点，确定物流客户接待时应涉及的内容。

3.相关理论知识

1)物流客户接待流程的含义

进入21世纪以来,我国物流业总体规模快速增长,服务水平显著提高,发展的环境和条件不断改善,各物流行业间的竞争也越来越激烈,客户的数量成为衡量物流企业经营好坏的重要条件。

物流客户接待是物流企业将自己展现给客户的第一次机会,也是最重要的机会。一个好的客户接待可以给予公司客户或者潜在客户一个好的印象,增加客户对公司的好感度和信任度,为公司争取更大、更长远的经济利益。物流客户接待流程就是为当物流客户来访、来电、来函以及受邀参加活动时,物流公司的工作人员抱着尊重客户、服务客户的原则来接待客户,为客户解决问题,加深客户与公司之间的了解,以达到与客户形成长期稳定合作的目的而制订的规范的接待项目及顺序。

2)物流客户接待流程的作用

客户接待的内容包括从接触客户到欢送客户的整个过程。一个公司有完善的接待流程,可对客户接待形成规范和标准。

(1)使客户接待规范化。

客户接待的过程中,因客户性格和需求不同,所涉及的接待内容也会有所不同,客户接待流程的制作可以使所有的接待人员在遇见任何情况时都知道将如何进行下一步,能为客户马上解决问题,不能解决时可以快速将问题转移到相关部门解决,可尽量避免出现混乱或不知所措、让客户做无谓等待的情况。

(2)使客户接待标准化。

由于每个物流客户的个性和要求不同以及与企业合作的时间和合同量不同,导致在接待这些客户时的标准也不同。一个物流企业可根据与客户合作的时间长短及合同量来决定客户的等级,一般分为重要客户(VIP)和一般客户。不同客户的接待有不同的标准。重要客户的接待人员等级、接待规格要比一般客户高。

(3)规范物流企业接待过程,可以提升企业形象,维护客户关系,提高客户满意度。

3)物流客户接待流程的内容

不同的接待活动有不同的接待流程,一般分为日常接待流程和活动、会议接待流程。物流客户接待流程的内容、步骤一般如下。

(1)确定接待事宜,包括向将要接待的客户方确认客户的身份、职位、数量以及到达时间等。

(2)提出接待申请,包括向公司相关部门申请接待客户所需车辆、食宿安排、参观要求等。

(3)制订接待计划。在提出的相关申请审批后根据申请到的物资安排接待计划,包括车的数量、陪同人员安排、宴请情况、会议召开等内容。

(4)实施接待工作。根据计划实施接待,遵守公司接待的相关规定,做好客户接待记录及客户资料完善。也适用于日常客户来访接待,主要内容包括确认来访客户信息、客户来访的目的,根据客户不同的等级、要求安排相关工作人员出面接待,以满足客户需求。

(5)赠送礼品,欢送客户。在日常客户接待中,礼品可酌情安排。

(6)接待结束,报销接待费用,适用于日常接待。

(7)做接待工作总结,包括工作总结、客户接待记录表、会议记录及接待单据复印件,适用于日常接待。

除在企业邀请客户参加活动的某些特殊情况下需要特别制订计划外,都可按照企业客户接待的规定及流程进行接待。客户接待服务不仅仅是局限于客户服务部门,而是企业各个部门通力合作的结果。客户接待流程也不只是针对客户服务人员,也适用于公司全体员工。

4. 技能训练准备

(1)学生每5人为一个小组,每个小组选一名组长;

(2)卡片若干张;

(3)教师现场指导;

(4)训练时间安排:2学时。

5. 技能训练步骤

(1)模拟某一次接待工作,以每组学生为单位,在卡片上写出接待工作要准备的内容;

(2)各组通过卡片问询法,查缺补漏,确定此次接待工作需要做的工作;

(3)以组为单位将确定的项目按照接待的前后顺序进行汇总;

(4)每组派一位代表陈述结果。

6. 技能训练注意事项

(1)一丝不苟,认真填写卡片;

(2)卡片汇总后要进行归类、排序;

(3)内容确定要有依据,要准确。

二 日常物流客户接待流程制作

1. 情境设置

风速物流公司为了规范日常物流客户的来访接待,需要制订一份公司的日常客户接待流程。请根据公司的这一需求,确定接待内容,制订一份《风速物流公司日常客户接待流程》。

2. 技能训练目标

根据公司的要求,选择确定接待内容及操作顺序,制作一份日常客户来访时适用的接待流程。

3. 相关理论知识

1) 日常物流客户接待流程的含义及作用

日常物流客户接待流程是指在物流公司正常营业的情况下,客户自由来访时客户服务人员对客户进行接待服务的规范操作准则。日常物流客户接待流程的制订及使用能规范客户日常接待管理工作,提高公司客户接待水平,加大客户满意度。它适用于客户服务人员(部门)日常接待来访客户的情况。

2) 日常物流客户接待的原则

(1)平等。对来访客户无论职位高低,都要平等相待。一般情况下,客户级别与接待规格相等,特殊情况高规格接待。

(2)周到。接待方式应完善,以礼相待,使客人感觉热情、周到。
(3)注重效率。力求能够在较短的时间内解决客户提出的问题。
(4)节约。接待客户时提倡节约,反对铺张浪费。
(5)保密。向客户介绍情况时,注意保守公司规定,重要谈话要有记录,巧妙回答客户的提问。

3)物流日常客户接待流程的制作

在制作日常客户接待流程时,要考虑到接待客户的时间顺序、行走路线、在不同时间段客户会有的不同需求以及出现不同的状况。

(1)客户来访,进入公司,先由前台人员进行接待。前台人员在这一步骤应做好客户来访登记,并将客户引至会客室。
(2)向客户询问来意,并根据客户的需求让相关部门的客户服务人员进行接待。
(3)部门人员继续在会客厅接待顾客,详细了解客户来访的目的和要求。
(4)客户服务人员对客户的来访目的和要求进行详细记录,并根据客户要求给予答复,尽量满足客户的需求(客户要求参观货仓或运输工具时,尽量满足,消除客户对公司的疑虑)。对于不能马上给予答复的,要向客户解释清楚并告知客户解决的时限。
(5)客服人员将访客送出门并表示感谢。

根据以上接待流程,可以将其制作成流程图或者流程表的形式,让内容、顺序更加明确。

4.技能训练准备
(1)多媒体教室;
(2)学生每5人为一个小组,每个小组选一名组长;
(3)白纸若干张;
(4)教师现场指导;
(5)训练时间安排:2学时。

5.技能训练步骤
(1)以每组学生为单位,根据情境设置,制作一个客户日常接待流程;
(2)各组根据自己所做的流程模拟一次公司活动接待,其他各组认真观察,找出操作正确与不足的地方;
(3)以组为单位完成对本组实际操作的评价;
(4)每组派一位代表陈述结果。

6.技能训练注意事项
(1)一丝不苟,认真准备计划流程,要求流程完整,符合实际操作情况;
(2)认真观察各组模拟训练;
(3)评价报告内容要求认真书写。

三 会议(活动)接待流程制作

1.情境设置

大兴物流公司将在新开发区开设新的子公司,开业时间在一个月之后。现在公司需要邀请一些老客户来参加剪彩仪式。请根据这一情况,拟订一份客户接待流程。

2.技能训练目标

根据公司的活动主题,制订一份客户接待流程。

3.相关理论知识

1)制作公司会议(活动)客户接待流程的目的

(1)规范客户接待工作,做好客户关系维护;

(2)通过接待工作了解客户想法,促进合作关系的发展;

(3)提高公司在客户心中的形象,增加信任感。

2)接待流程制作要注意时间顺序的安排

(1)做好客户接待的前期安排。

①在活动当日前一个月到半个月要联系客户,进行邀请,并明确参加客户的数量、姓名、职务、单位等信息。

②制订完整的会议(活动)计划,并及时通知客户,包括会议(活动)主题,受邀人员情况,会议(活动)进行的流程,参观安排,宴请住宿安排等。

③根据制订计划及客户级别安排接待事宜。不同级别的客户,接待人员级别、食宿标准、座次安排都有所不同。

④根据以上安排申请经费,确认客户行程。

前期工作计划是客户接待的基础,完善的前期工作可以使接待工作顺利进行,在编写时可以稍微详细一些,如列出工作顺序。

(2)按照计划接待客户。

①根据客户的行程,安排车辆和接待人员前往机场、车站迎接客户,安排客户食宿。

②认真进行客户信息登记。

③介绍公司近况,带领客户到公司设施、设备、仓库等地进行参观。

④引导客户进入会议室进行会议(活动),实施公司与客户的商务会谈,了解客户想法,与客户进行感情交流,甚至可向客户提出一些合作意见。

⑤宴请客户,加强双方感情交流。

接待过程基本是根据前期计划来进行,注意协调各客户和领导的会晤,编写工作计划时领导会晤的时间段、地点等可以在流程中详细备注出来。

(3)结束接待。

①礼貌欢送客户,并赠送纪念礼品。

②如有需要,派车辆及接待人员送客户至机场、车站。

③做接待工作总结,整理客户资料及意见。接待工作结束后,要进行客户接待总结,包括客户信息意见整理汇总等。在流程中可以备注出总结所需的所有资料,例如总结报告、客户信息登记表、客户建议表等。

4.技能训练准备

(1)多媒体教室;

(2)学生每5人为一个小组,每个小组选一名组长;

(3)白纸若干张;

(4)教师现场指导；
(5)训练时间安排：2学时。
5. **技能训练步骤**
(1)以每组学生为单位，根据情境设置，制作一个活动流程及接待流程；
(2)各组根据自己所做的计划及流程模拟一次公司活动接待，其他各组认真观察，找出操作正确与不足的地方；
(3)以组为单位完成对本组实际操作的评价；
(4)每组派一位代表陈述结果。
6. **技能训练注意事项**
(1)一丝不苟，认真准备计划流程，要求流程完整，符合实际操作情况；
(2)认真观察各组模拟训练；
(3)评价报告内容要求认真书写。

四 思考练习

1. **判断题**
(1)在去机场迎接客户时，为了表示公司对客户的重视及尊敬，应该都让公司高层领导去进行迎接。　　　　　　　　　　　　　　　　　　　　　　　　　　　　(　)
(2)在制作物流公司会议(活动)流程时，前期准备十分重要，在制作流程时，前期工作应详细列出。　　　　　　　　　　　　　　　　　　　　　　　　　　　　(　)
(3)制作流程只需要考虑接待人员的职责和标准，和其他工作部门没有什么关系。
　　　　　　　　　　　　　　　　　　　　　　　　　　　　　　　　(　)

2. **简答题**
(1)日常客户接待的原则是什么？
(2)简述客户日常接待流程的制作内容及过程。

3. **案例分析题**
以下为广西某文化有限公司营销部所做的客户接待流程：
(1)当接到客户来访信息时，各销售经理需将来访客户的信息落实清楚(包括客户来访的具体计划日程、来访目的、人员数量等)。
(2)各地区销售经理判定来访客户的重要等级，并提出接待要求，以邮件或传真的方式上报销售部。
(3)销售部相关人员需再次和客户确认到访信息，必要时和销售经理沟通核对。
(4)负责接待人员详细填写《来访客户登记表》，并及时交上级领导审核。
(5)经销售总监最终审核《来访客户登记表》后，由负责接待人员按要求做好接待的准备工作，包括演示厅会场安排。
①及时向市场部和行政部转报来访客户迎接横幅及水牌制作；水牌和横幅根据客户重要程度具体制作。
②向市场部递交来访客户讲解内容要求及来访客户确切的单位名称、人数和职位，沟通安排演示或培训事宜(包括安排打出来访欢迎字幕)。

③主动电话邀请出席接见的各部门领导及技术人员,保证出席人员的正常到场。
④需要公司派车的提前填写用车申请。
⑤到财务借款及领用礼品和烟酒。
⑥需要安排住宿的,提前订好酒店,预订好用餐地点后第一时间告知陪同领导,并安排用餐当天领导的用车。

接待负责人安排好相关准备工作后,将审核完毕的《来访客户登记表》交销售主管进行督促跟进,并详细告知销售主管各项准备工作的进展情况及需要协助的事项。

在客户即将到公司之前,至少需提前一个小时电话确认客户抵达场地时间和迎接地点,并告知驾驶员负责准备车辆,提前15min在指定地点接客户上车。

接待负责人陪同客户在公司的各项活动安排。

如客户需要订返程机(车)票的,均需由接待人员负责预订。

送别客户后,需尽快将票据报账核销借款,并向礼品管理人员退还未用完的烟酒进行销账处理。

进行信息汇总和费用统计,并对《来访客户登记表》内容进行补充后归档。

将接待客户过程中收集到的信息,以及接待客户所发生的各类费用报至各销售经理。

各销售经理对信息进行筛选和跟进,并安排销售人员定期回访。

(6)接待注意事项如下。
①如在接待过程中需要请相关部门人员协助或出席时,需提前通知相关人员。
②当确定来访客户职位级别较高或影响力较大时,需公司领导出席。
③接待人员在接客户来公司时,出发前应电话告知相关领导,提前做好接待准备。
④公司人员在给来访客户做讲解时,接待人员要尽可能全程跟进,或定时去演示厅了解来访客户的各项需求和疑问,并及时给予协调或解决。
⑤客户临走时,接待人员需提前10min通知驾驶员把车开到公司门口待命,不可出现客户等车的现象。
⑥对下午来公司参观的客户,应尽量让其在中午午餐后稍作休息再来公司,或提前备些速溶咖啡或茶水。

问题:
(1)根据以上内容,简述制作客户接待流程对树立公司形象,联系客户感情有什么作用。
(2)根据以上内容制作一份客户接待流程图(表)。

任务三 物流客户来访、来电、来函处理

教学要点

(1)利用互联网收集资料,了解物流客户来访、来电、来函几种情况的处理方法;
(2)假设场景,由小组讨论,出现以上几种情况时,在接待客户上要注意什么;
(3)模拟场景,完成一次客户来访、来电、来函的接待处理。

教学方法
可采用讲授、情境教学、案例教学和分组讨论等方法。

教学内容

一 物流客户来访处理

1. 情境设置

某物流公司成立后,经营很快就上了轨道,在日常工作中有很多客户会主动到公司了解近况及货物运输储存的情况。请根据公司这一情况,思考客户来访时对客户要求的处理方法,力求在稳定老客户的基础上招募新客户,提升公司工作效率及对外形象。

2. 技能训练目标

能规范接待来访客户,处理来访客户的意见,满足来访客户要求。

3. 相关理论知识

1) 物流客户的含义

"客户"这一名词我国自古就有使用,不同时期,客户所代表的含义及人群范围都不一样。随着历史的发展,现阶段客户的概念有了一些变化。

物流客户指物流企业或者公司服务的所有对象,它是企业经营活动得以维持的根本保证。

2) 物流企业客户

(1) 概述。

物流企业客户指的是物流公司或物流企业所有的服务对象,既有个体的客户也有组织的客户。

(2) 物流客户的分类。

常规客户:注重物流活动所需的花费,是企业与客户关系的最主要部分,直接影响企业的短期现实效益。

潜在客户或伙伴客户:希望与企业建立一种长期伙伴关系,希望从与企业的关系中增加价值,从而获得附加财务和社会利益。

关键客户或重量级客户:关心公司的工作质量效率、价值和服务,他们是企业比较稳定的客户,是企业最大的利润来源。

3) 物流客户来访的一般目的

在物流公司业务人员和客户进行日常业务往来过程中,客户很可能提到要来公司访问,同时,公司也会在适当的时候邀请客户来公司考察访问,以加深双方的沟通和了解,促进双方合作的进行。那么,首先要了解清楚客户来访的目的,通常不外乎以下几种:

第一,考察公司以便了解公司的规模、业务能力、业务类型等基本运作情况,同时了解公司的运输生产体系、质量效率控制体系和创新信息等。这些客户往往是新客户,只是通过网站、展会、客户介绍等方式了解到公司并产生了强烈的合作意向,但对于公司了解并不深。因此,实地考察访问无疑是一种最为直接有效的了解方式。

第二，进行项目洽谈。这样的客户往往是和公司相关业务人员已经有过几次沟通，而且在相关网站、杂志上已经看到过公司业务介绍及公司整体形象展示。来访者往往是带着订单、项目有备而来，目的就是讨论现有项目的合作，包括相关技术问题、价格问题、付款方式、完成期限等内容的实质性讨论。该客户通常是公司应该最为重视的，因此，接待时不仅要有专业技术人员陪同，公司领导也应适时参加接待和谈判。

第三，以了解货物情况为主，顺便了解公司最新发展情况。这样的客户通常已经和公司有了订单的合作基础，来访的主要目的是对公司的货物运输管理质量和品质进行进一步确认。同时，手中有一定的新订单，如果双方可以达成共识，新合作达成的可能性极大。

第四，以投诉为主，顺便对公司进行深入考察。这样的客户是与公司已经有过合作的，对公司有一定的了解，并一定程度上信任公司的专业能力，是公司必须要充分重视的客户类型。若处理得当，将大大增加客户对公司的信任度及忠诚度，使其成为公司的长期合作客户。

第五，客户来与公司人员（已合作沟通过的业务人员或某类业务的负责人）进行基本的人际沟通。该客户来访往往是顺道而过，来之前或许也没有预约。该客户和公司的关系已经很紧密了，拜访公司只是加强沟通，顺便看看正在合作的订单运转情况。

4）物流客户来访处理

一旦确认客户来访，业务人员必须认真、细致地做好相关准备工作。针对客户来访目的，必须根据公司相关流程和制度，有针对性地做好安排。

第一，要了解客户。对于老客户来访，不需要对客户进行深层次的了解。但对于新客户来访，必须慎重，详细了解清楚客户的实际状况和来访的真正用意。因此，客户调查是非常重要的，业务人员必须通过客户沟通等方式认真填写客户调查表。

第二，做好客户来访登记。当客户亲自上门拜访时，接待人员应在与客户沟通的同时，让客户填写《客户来访信息登记表》（表3-1），以方便公司的客户管理及业务管理，准确记录客户需求，并保证尽量满足每个客户的愿望。接待人员要详细记录客户情况报告，包括客户有什么需求、是否需要交与其他部门处理、解决方法与过程以及最终结果。

客户来访信息登记表　　　　　　　　　　　　　表3-1

来访单位		来访日期			
姓　　名		职　　务		联系电话	
地　　址		电子邮箱		QQ号	
企业性质					
企业生产商品					
主要合作业务					
来访事由					
客户情况报告					

接待人员签名：

第三,安排客户行程。有时,客户在拜访过程中有意愿了解公司的现状和发展情况,会提出参观公司相关业务工作场地的要求,例如货物包装装卸地点及设备情况、货物保管情况、运输工具情况以及货物信息追踪情况等。在遇到此类要求时,接待人员要根据客户的要求及客户时间来安排参观行程及参观的时间,使客户能在有限时间内最大限度地了解公司,在不影响客户后续安排的情况下尽量满足客户的需求。

第四,安排参与接待的所有人员的对接。若是要接待提前预约前来进行商务洽谈的客户,负责安排接待的人员应根据客户前来洽谈的主要内容,提前与相关领导及相关技术人员做好沟通,并请相关技术人员在接待时给予协助和支持。同时,应提前将客户来访信息汇报给部门经理及主要分管的副总,以便准确把握客户意图,保证洽谈进程顺利进行,并对可能出现的相关问题加以分析和判断。更为重要的是客户来访前应根据客户级别相应知会部门负责人、总经理或副总经理,以确定参与谈判的人员。如需要更等高层领导参加,必须提前两天书面告知总经理办公室,以便确认高层领导是否可以参加。

第五,资料准备。客户来访前,业务人员应事先认真整理好和该客户沟通时所需的相关资料,例如洽谈合作的项目情况、价格情况、技术改进情况、信息设备情况等,以及与该客户往来的重要传真、E-mail、相关合同、报价及其他重要资料。与合作项目有关的技术参数、操作流程及标准等应事先与技术部门相关人员联系以确保无误,并就这些信息和部门经理及主要分管的副总进行事先沟通,以促进谈判的顺利进行。更重要的是,在谈判前业务人员应对拟洽谈合作的项目情况进行充分了解,以便谈判现场能够迅速做出反应并随时回答客户的有关提问。

公司历史及现状介绍也是让客户了解公司业务的重要内容,在向客户介绍公司时,一个清晰的思路及简明流畅的讲解将会大大提升客户对公司的好感度,促进洽谈合作的顺利进行。

第六,做好会谈准备及会谈流程。客户来访的前一天,业务人员必须事先告知所有相关部门来访人数、需要准备的矿泉水、咖啡、公司简介、水果、纸杯、便笺纸、笔等需求数量,多媒体会议室使用时间,是否需要水牌、横幅或欢迎牌及其他要求,以便后勤部门做好会议准备工作。工作人员必须在客户进入会议室前10分钟把会议室空调打开,并将所有资料和用品准备到位。

客户来访的整个会谈进程一般分为观看录像了解公司的发展历程、参观公司主要业务部门、企业情况PPT介绍、项目合作讨论等部分。这几个部分可以相互交错或同时进行,但需要注意以下几点。

①客户落座及所有参与接待人员坐定后,主接待业务员(该客户对应的业务人员,同时也是会议的主持人)应起身先做自我介绍,然后按照职级依次向客户介绍公司参与接待人员,介绍完毕后再用中文依次向公司领导介绍客户方代表,如果客户方只有1人,则不需要介绍。

②人员情况介绍完毕后,主接待业务员应介绍并说明整个会谈的主题。在主接待业务员介绍和讲解期间,若有外籍人士,配合接待的业务员(次接待业务员)应随时做好翻译协助,以便公司相关人员能够理解。

③对于公司介绍,如果没有录像资料介绍,由主接待业务员统一按照已经审核确认的

PPT资料向客户演示并讲解;讲解过程中要认真听取客户随时提出的疑问并给予正确解答,没有把握的应请相关在场领导给予解答,并同时做好翻译协助。

④项目洽谈时,可以在会议室进行,也可以在引领客户参观期间同时进行交流与沟通。项目洽谈过程中,应建议公司相关高层领导以适当方式回避,以保证公司领导的最终决定不受谈判内容的影响。即便项目洽谈在参观过程中有过讨论,最终的项目确认仍必须在会议室进行。

⑤会谈全部进程之中,次接待业务员应随时做好会议洽谈全部内容的详细记录和整理工作。会谈结束后,次接待业务员应立即做好会谈纪要,并请客户和主接待业务员审核确认,双方签字各保留一份正本。

⑥客户接待的全过程中。次接待人员应随时协助提供茶水、咖啡、饮料、资料、辅助设备、辅助人员等的补充工作,同时进行现场图片的拍摄及录像工作。

⑦会谈后续工作。会谈结束后,次接待人员应清理好会议室并将相关资料设备交还给相关部门。主接待业务员应陪同客户共进午餐或晚餐。通常情况下,客户如果在公司吃晚饭,午餐应以简单的工作餐招待。在和客户共进晚餐的情况下,应有相应部门经理或副总参与,重要客户应事先邀请公司高层参与,并在晚餐前赠送礼品给客户。如果客户需要在午餐后离开,午餐应视为正餐,按照相应标准招待。主接待业务员应随时保持和后勤部的沟通,以保证用车的顺利,决不可因公司人员疏忽导致客户久等或不能正常用车,并及时安排将客户送至相应的车站或机场。

⑧访问后期工作。

客户访问结束的第二天,主接待业务员应及时将双方确认的会谈纪要整理成册,并于当日和相关部门就相关技术问题、交货期等信息进行确认,需要下达加工、改进等任务通知的应在两个工作日内下达完毕。客户访问结束后的第二天,应立即整理出一份内容详细并包含会谈纪要附件的答谢信给客户,并抄送客户方所有来访人员及公司参与接待的相关领导。同时将公司技术人员提供的有关改进的最新信息告知客户,以便客户及时掌握和了解公司的反馈信息,同时明确洽谈中未解决事宜的完成时间表及重要事项。邮件中可以将客户来访时的相关照片一并发送给客户。注意:为防止邮件过大堵塞客户邮箱,所有照片应进行压缩处理以确保整个邮件容量不超过最大容量。

⑨其他注意事项。客户接待从最初的联系准备到接待结束再到后续工作推进整个过程中,主接待业务员应完成各相关表格的填写,并于后续工作正式推进的第二天备案留存。

有关客户接待礼仪要求、用餐礼仪要求、业务谈判礼仪要求等知识,同学们在学校和前期的工作中都应有所涉及和了解。

4. 技能训练准备

(1)多媒体教室;
(2)学生每5人为一个小组,每个小组选一名组长;
(3)白纸若干张;
(4)教师现场指导;
(5)训练时间安排:2学时。

5. 技能训练步骤

(1)以每组学生为单位,根据情境设置,策划一次客户来访接待处理并做出流程计划,准

备好所需的一切资料及讲稿;
 (2)各组根据自己所做的接待计划进行模拟接待处理,向客户介绍公司情况,满足客户需求;
 (3)以组为单位完成对本组实际操作的评价;
 (4)每组派一位代表陈述结果。

6. 技能训练注意事项
 (1)一丝不苟,认真准备计划流程、讲解资料等;
 (2)认真观察各组模拟训练;
 (3)评价报告内容要求认真书写。

二 物流客户来电处理

1. 情境设置

在物流公司的日常工作期间,很多客户由于种种原因无法亲自前来公司进行访问,在客户对公司有所需求的时候,客户往往会采用电话、短信等形式对公司及货物的情况进行了解。所以,接待人员也必须掌握对客户来电时的应对、处理方法。

2. 技能训练目标

能在客户来电进行询问、咨询时,有礼貌地、有效地服务客户,满足客户需求。

3. 相关理论知识

1) 电话的由来

"电话"是日本人创造的汉语词,用来意译英文的 telephone(phone)。当初我国对这个英文词采取了音译,译作"德律风"。在一段时期内,"电话"和"德律风"两种叫法通用。但后来,"德律风"这种叫法逐渐消失。由于20世纪初,一群在日本的绍兴籍留学生曾联名给家乡写回一封长信,其中详细介绍了日本的近代化情形,鲁迅也列名其中。信中说到"电话"时,特意注释道:以电器传达话语,中国人译为"德律风",不如电话之切。所以,以后就叫"电话"了。

电话发展至今,已有了飞跃式的发展,除了固定座机电话之外,还出现了移动电话和网络电话,为现今社会各企业单位之间、个人之间的联系提供了强有力的技术保障,使人们可以在短时间内了解到远距离之外的情况。

2) 电话语言使用要规范

语言是人际交往的主要工具。礼貌的语言既是对对方的尊重,又是一种自我谦让,没有什么比彬彬有礼的谈吐更能打动人心了。恭敬有礼的话语温暖人心,能提高语言的交际效能,美化人的生活;恶语伤人、语言粗野、强词夺理不仅伤人心,而且会败坏社会风气,使人与人之间冷淡、刻薄起来,对企业的发展也有阻碍作用。"语为心声,语为人镜",优雅、礼貌的用语,是一个人的知识、修养、文明程度的体现,也代表着一个企业的服务形象。规范的电话接待语言可以让企业在社会中赢得更多的朋友、客户以及更多的声誉。

最常使用的基本礼貌用语如下。

问候的语言:早晨好;您早;晚上好;晚安。

致谢的语言:谢谢您的来电;多谢您;十分感谢。

拜托的语言:请多关照;承蒙您的关照;拜托了。

慰问的语言:辛苦了;受累了;麻烦您了。

赞赏的语言:太好了;真是太棒了。

谢罪的语言:对不起;实在抱歉;劳驾;真过意不去;请原谅。

同情的语言:您真是太忙啦;这可怎么好呢。

挂念的语言:身体好吗;怎么样了;还好吧。

祝福的语言:您真福气。

理解的语言:只能如此了;深有同感。

祝贺用语:祝您生意兴隆;祝您马到成功!

征询用语:您有什么事情吗;需要我帮您做什么;您还有其他需要吗;能请您说慢一点吗?

应答用语:没有关系;不必客气;做得不好的地方还请您多指正;非常感谢您的好意。

道歉用语:实在对不起,请原谅;打搅您了;失礼了;对不起,谢谢您的建议,我们会采取措施改进工作,使您满意。

婉言推托语:很遗憾,不能帮到您;谢谢您的好意,但最近还有很多事情要忙,下次一定找机会。

3) 接听电话的技巧

(1) 注意重要的第一声。

当客户打电话给企业时,若一接通,就能听到亲切、优美的招呼声,心里一定会很愉快,使双方对话能顺利展开,并对企业有了较好的印象。在电话中只要稍微注意一下自己的言语就会给对方留下完全不同的印象。同样说:"你好,这里是××公司"。但声音清晰、悦耳、吐字清脆,给对方留下好的印象,对方对其所在单位也会有好印象。因此要记住,接听电话时,应有"代表单位形象"的意识。

(2) 要保持喜悦的心情。

接听电话时要保持良好的心情,这样即使对方看不见你,但是从欢快的语调中也会被你感染,给对方留下极佳的印象,由于面部表情会影响声音的变化,所以即使在电话中,也要抱着"对方看着"的心态去应对。

(3) 用清晰明朗的声音与客户交谈。

打电话过程中绝对不能吸烟、喝茶、吃零食,即使是懒散的姿势对方也能够"听"得出来。如果打电话的时候,弯着腰躺在椅子上,对方听到的声音就是懒散的,无精打采的;若坐姿端正,所发出的声音也会亲切悦耳,充满活力。因此,打电话时,即使看不见对方,也要当作对方就在眼前,尽可能注意自己的姿势。

(4) 要迅速准确地接听电话。

现代物流企业工作人员业务繁忙,桌上往往会有两三部电话,听到电话铃声,应准确迅速地拿起听筒,最好在三声之内接听。电话铃声响一声大约3秒钟,若长时间无人接电话,或让对方久等是很不礼貌的,对方在等待时心里会十分急躁,从而会给客户留下不好的印象。即便电话离自己很远,听到电话铃声后,若附近没有其他人,应该用最快的速度拿起听筒,这种态度是每个人都应该拥有的,这样的习惯是企业每个工作人员都应该养成的。如果电话铃响了5声才拿起话筒,应该先向对方道歉,例如对客户说:"对不起,让您久等了。这里是某某公司,请问有什么能为您服务的"。若电话响了许久,接起电话只是"喂"了一声,对方会十分不满,并会给对方留下恶劣的印象。

(5)认真聆听顾客的话。

与客户电话交谈的过程中,不但要善于表达自己的意思,而且应善于聆听对方的谈话,这样才能使双方进行有效的交流。在聆听对方谈话时,应注意做到以下几点要求。

①要对对方的意见和建议表示出极大的兴趣,并且积极努力去听,了解对方的意图。有不理解的地方应该及时发问。

②要耐心地让客户先说完,并不时以"唔"、"哦""是吗"等语陪衬。即使对方做了短暂的停顿,也不要打断对方的话,以免影响对方的思路。

③要去体察对方的感觉,将对方的谈话大意或者背后要表达的意思总结复述出来,表示接受及了解了对方的感觉,有时也会产生很好的效果。

④不要对客户的谈话匆忙做出结论。一个善于交谈的人,应该努力弄懂对方的谈话内容,完全把握对方的意思。

⑤要关怀、了解和接受对方,以真诚的态度鼓励或帮助寻求解决问题的途径。

⑥要全神贯注地听,不要同时做其他不相关的事情。若在接听客户来电时还在进行其他的事情,就无法将全部精力放在对方的谈话内容上,漫不经心地回复客户的问题及要求,会让对方对自己,甚至所代表的企业产生反感。

⑦聆听客户的谈话要注意进行信息的反馈,及时验证自己是否已经了解对方的意思。可以简要复述一下对方的谈话内容,并请对方纠正。

⑧在进行电话交谈时,反应要冷静。当碰到意见不一致的时候,要保持冷静,不知如何回答的话可保持微笑的语气带过或者回避话题,一个善于聆听的人,总能控制自己的感情。过于激动,无论对讲或听的人来说,都会影响表达或听取的效果。

⑨在接听客户电话,与客户对话的过程中,要抓住客户的主要意思,不要被个别枝节所吸引。要注意分析哪些内容是主要的,哪些是次要的,以便抓住问题的实质,避免造成误解。

⑩要使思考的速度与谈话相适应。在聆听客户的谈话时,要勤于思考分析,把握谈话内容,避免耽误时间,影响工作效率。

⑪不要想着占领谈话的主导地位,不要表现自己。客户向企业来电,目的在于增进双方的了解,促进更好的合作关系。而善于听别人说话,就是深入细致地了解对方最好的手段。

(6)认真清楚的记录。

接听电话时,要将对方叙述的主要信息进行记录,最好对重要的内容做必要的重复,以免出现信息的误差。

随时牢记5W1H技巧,所谓5W1H是指:①When(何时);②Who(何人);③Where(何地);④What(何事);⑤Why(为什么);⑥How(如何进行)。在工作中这些资料都是十分重要的,对打电话及接电话具有相同的重要性。

电话记录既要简洁又要完备,有赖于5W1H技巧。在进行客户留言记录时,可按照以下五要素来进行。

①致:即给谁的留言。

②发自:留言者是谁。
③日期:最好也包括具体时间。
④记录者签名:有助于寻找线索,或弄清不明白的地方。
⑤内容:写明客户来电的目的及要求。要求记录中心明确,有条理。
(7)请对方先挂电话。
通话结束时,应该尽量让对方结束通话,若确实需要自己来结束的,应予以解释并致歉。通话完毕后,应等对方放下话筒后,再轻轻地放下电话,以示尊重。
(8)在转接电话时,拿着话筒和放下话筒的状态要一致。
很多人在拿着话筒时,通常会比较注意自己的言行,会说:"您好,这里是某某公司,请问您有什么事情吗?"。在对方说出要找人的姓名后回答客户:"请您稍等!"等放下电话时,往往忽略了对方也能听见,变得随心所欲,例如会大声说:"某某,你的电话,是个女的",或者"一个四川口音的人","一个声音挺嗲的姑娘"等。当对方在电话里听见这样的形容方式时,会感到不愉快。因此,在转接电话时做到拿着话筒和放下话筒一个样,或者用手捂着话筒,注意隔音。
(9)未经同意不要轻易将他人的手机号码告诉来电者。
转接电话时,如果是不熟悉的人或者不在客户名单内的人要找的人不在,对方又询问其手机号码时,转接者一定要经过接电话者同意才能把手机号码告诉对方。自作主张将号码告诉对方,可能会严重干扰到接电话者的工作或生活。
(10)在转接电话之后,不要将电话内容当有趣的谈资传播给他人。
在接听客户来电或转接他人电话之后,千万不要捕风捉影,不要去转告第三人"谁给谁来电话了",更不能在一旁偷听对方的电话内容。
4)认真填写客户来电记录
在接听客户电话时,若客户来电是询问合作、提出建议或者进行投诉时,接待人员都应该做好客户来电记录。
填写《客户来电记录表》(表3-2)时,应详细记录客户来电的日期、时间、联系电话、客户所在单位、来电事由以及解决情况,最后一定要有记录人署名,以方便日后进行归档查询。

客户来电记录表　　　　　　　　　　表3-2

日　期		时　间	
姓　名		单　位	联系电话
来电事由:			
解决情况:			
记录人:			年　月　日

5）主动联系客户时的注意事项

（1）拨打客户电话时的注意事项。

有些时候，客户来访来电会有一些当时无法解决的问题，在接待当时，接待人员应该承诺客户一个予以答复的期限，并立即着手解决。当问题解决后，当时的接待人员应主动联系客户，将结果告知客户。

拨打客户电话也有需要注意的事项。在拨打客户电话时，要选择恰当的时间，尽量不要选在用餐、休息及临近下班的时间。有关公事的电话最好打到对方的单位，应该尽量避免拨打私人电话。若有特殊情况必须要拨打对方的私人电话时，应该避开以上时间，并将情况予以说明。

①询问对方是否方便。拨打办公地点的电话时应该先自报家门，告知对方自己的姓名、身份，并礼貌询问对方是否方便接听电话，得到对方允许后才切入主题。

②谈话应该简明扼要，使用文明用语。拨打者应该言简意赅地将打电话的目的说明，在谈话过程中，要使用"您好"、"请"等文明用语。

③通话完毕，应该礼貌地表示对对方的打扰感到抱歉并向对方告别，待对方放下话筒后，再轻轻地放下电话。

（2）向客户发送短信息时的注意事项。

随着现代数字信息的广泛运用，许多不方便打电话的时候都可以借助短信来传递信息。短信，Short Message Service，简称SMS，是用户通过手机或其他电信终端直接发送或接收的文字或数字信息，用户每次能接收和发送短信的字符数，是160个英文或数字字符，或者70个中文字符。

短信的使用大大增加了公司企业与客户的沟通机会与时间。它能让信息传递准确可靠、迅速及时，但在运用短信与客户联系的时候，也要注意发送时间、编写内容等。

①在给客户发送短信时一定要署名。为了避免出现客户不知道发送者的手机号码，以为收到发错的信息，贻误合作时机的情况，接待人员在给客户发送信息时一定要在信息的最后进行署名，这既是对对方的尊重，也是达到目的的重要手段。

②在拨打某些重要电话前可以用短信进行预约。有些时候需要给身份高或者重要的合作客户打电话，知道对方很忙，可以先给对方发短信询问，如"现在是否方便给您打电话？"如果对方没有回信，一定不是很方便，可以稍等一下再拨打电话。

③发短信的时间不能太晚。有些时候时间晚了，又想和客户联系，觉得打电话不大礼貌就采用了短信的联系方式。短信虽然简便，但太晚还是会影响对方休息，是一种不礼貌、也不恰当的行为。

在编写短信时注意语气要委婉，不可生硬。

4.技能训练准备

（1）多媒体教室；

（2）学生每5人为一个小组，每个小组选一名组长；

（3）白纸若干张；

（4）教师现场指导；

（5）训练时间安排：2学时；

5.技能训练步骤

(1)以每组学生为单位,分角色扮演来电客户及接线人员,自行设定一个对话内容;

(2)各组根据自己所设定的内容进行模拟客户来电接待处理,并做好相关的客户来电记录;

(3)以组为单位完成对本组实际操作的评价;

(4)每组派一位代表陈述结果。

6.技能训练注意事项

(1)一丝不苟,认真准备设置情境及所需材料;

(2)认真观察各组模拟训练;

(3)评价报告内容要求认真书写。

三 物流客户来函处理

1.情境设置

在物流公司的日常工作期间,很多客户也会由于距离、工作安排等原因运用邮寄商务函件、电子邮件对公司及货物的情况进行了解。所以,接待人员也必须掌握对客户来函时的应对、处理方法。

2.技能训练目标

能在客户来函进行询问、咨询时,有礼貌地、有效地服务客户,满足客户需求。

3.相关理论知识

1)商务函件的定义

商务函件是用来商洽工作、联系业务、询问和答复有关具体实际问题的一种公文。

2)客户来函的形式

(1)利用邮政系统进行函件的传递。

一般来说,客户来函是以书面的形式,依靠邮件的传送来实现与其他地区的联系。邮件是指经传递方式处理的文件。邮件进行传递的过程称为"邮递",而从事邮递服务的机构或系统,则称为邮政。

邮件分国内邮件和国际邮件两大类。国内邮件按内容性质可分为函件和包件。在我国,函件包括信函、明信片、印刷品和盲人读物四种,包件包括包裹和快递小包。国际邮件分为国际函件和国际包裹,前者包括信函、明信片、印刷品、盲人读物和小包五种;后者分为普通包裹、脆弱包裹、保价包裹和过大包裹四种。邮件按处理手续、运递方式或寄递时限等又可分为挂号邮件、快递邮件、航空邮件、保价邮件、代收货价邮件等。邮局在收寄时开具收据,处理时加以登记,投递时要收件人签收的邮件,统称为给据邮件。邮件的传递顺序分收寄、分拣和封发、运输、投递四个环节。收寄方式主要是设置信箱、信筒和在邮局的营业窗口直接收寄。分拣和封发是将邮件按寄往地点分开,然后将分拣好的邮件分别封成邮件总包(袋)以便发运。运输是将邮件总包分别经过规定的邮路,运到寄达地点。投递方式有按地址投递和在邮局内投交两种。无法投递的邮件一般退给寄件人。无法投递又无法退回的邮件为无着邮件,由指定的机构集中开拆,能发现投退线索的即予以投退,仍然无着的经保管一定期限后予以销毁或做其他处理。

这种邮件的传递方式在我国甚至全世界都有着非常悠久的历史,它不仅可以寄送信件,还可以寄送包裹。现阶段,我国的邮政主要是以航空、铁路为主,以汽车运输为辅。但这种函件的邮寄方式耗时长,出现事故的概率较高,除非有特殊需求,现在已经很少有人运用传统邮寄的方式进行商务交流了。

(2)利用电脑网络进行函件的传送。

E 时代的到来,邮件在网络生活中扮演着不可缺少的角色。网络邮件收发频率远大于现在的邮递员送信,节约了很多成本,有很大的优越性。

电子邮件(electronic mail,简称 E-mail,标志@,也被大家昵称为"伊妹儿")又称电子信箱、电子邮政。它是一种用电子手段提供信息交换的通信方式,是互联网应用最广的服务。通过网络的电子邮件系统,用户可以用非常低廉的价格(不管发送到哪里,都只需负担电话费和网费即可),以非常快速的方式(几秒钟之内可以发送到世界上任何指定的目的地),与世界上任何一个角落的网络用户联系,这些电子邮件可以是文字、图像、声音等各种形式。同时,用户可以得到大量免费的新闻、专题邮件,并实现轻松的信息搜索。

电子邮件地址的格式由三部分组成。第一部分"USER"代表用户信箱的账号,对于同一个邮件接收服务器来说,这个账号必须是唯一的;第二部分"@"是分隔符;第三部分是用户信箱的邮件接收服务器域名,用以标志其所在的位置。

电子邮件是整个网络间以至所有其他网络系统中直接面向人与人之间信息交流的系统,它的数据发送方和接收方都是人,因此极大地满足了大量存在的人与人之间的通信需求。

3)客户来函处理

在物流企业中,收取客户来信一般都由前台接待人员或者专门的收发信件部门收取,并分发给各负责部门。在处理客户来函时,注意以下几点。

(1)在收取到信件之后,要做好信件的分类,无论是纸质信件还是电子信件,需要分发给其他部门的,要做好信件交接的记录或必须通知到收件者本人。

(2)接收到客户来函后,要仔细阅读客户来函中的内容。若是有关货物运输的商业洽谈的信件,应根据客户的具体要求制订好方案,尽快回复客户,并注意跟单处理。若是询问合作过程中的具体问题,应立即着手确定,并尽快回复客户。

(3)若是客户来函是向公司祝贺或者表扬的,要将信件进行具体登记,上报领导,并按照领导安排在公司进行张贴公示。

在处理客户来函的过程中,一定要对客户来函加以重视,对客户提出的问题、要求要尽快处理予以回复。

4)回函书信写作

回复客户的来函,不同的信件要用不同的格式进行回复。运用正确的回信格式,不仅体现了公司的素质,也表示了对对方公司及寄信人的重视与尊重。

(1)商务函件。

①函件的构成。函件是平行文,在写作时,一般包括四大部分:标题、行文对象、正文、落款。

标题一般采用公文规范标题法,即标题由发函机关、事由、受函机关和文种组成,也有的只有事由和文种。

行文对象是指公函受文者，写在事由之下的第一行左边，顶格，后面加冒号。

正文是公函的内容即事项，是发函者要告诉对方的具体事情，由三部分组成，即发函因由、发函事项以及结语等。事项部分基本上是采用叙述和说明的方法，如有要求部分则要根据行文内容来安排，不可过多。结语多使用"特此复函"。

落款包括发函单位的名称和主要负责人的签名以及日期。

②函件的写作格式。

a. 函的标题、字号和主送机关。

a）函的标题。作为正式公文的函件，其标题和一般公文的写法一样，由发文机关名称、主要内容（事由）、文种组成。较完全的写法如《国务院办公厅对国家工商行政管理局关于贯彻〈食用盐加碘消除碘缺乏危害管理条例〉有关问题请示的复函》、《国务院办公厅关于羊毛产销和质量等问题的函》等。也可以采用省略发文机关名称的写法，如《关于请求批准××市节约能源中心编制的函》。

b）函的发文字号。公函要有正规的发文字号，写法与一般公文相同，由机关代字、年号、顺序号组成。正规机关部门的函，可以在发文字号中显示"函"字，如《国务院公报》2000年第10号同时发表了国务院办公厅以"国办函〔2000〕××号"为发文字号的七篇复函。

c）函的主送机关。函的行文对象一般情况下是明确、单一的，所以多数函的主送机关只有一个。但有时内容涉及部门多，也有排列多个主送机关的情况。

b. 函的正文。

a）发函缘由。这是函的开头部分，主要说明发函的根据、目的、原因等。如果是复函，则先引用对方来函的标题、发文字号，然后再交代根据，说明缘由。这部分结束时，常用一些习用的套语转入下一部分，如"现将有关情况说明如下"、"现就有关问题函复如下"等。

b）事项。这是函的主体部分，有关某项工作展开商洽、有关某一事件提出询问或作出答复、有关事项提请批准等内容，都在这部分予以表达。

c）希望请求。这是结尾部分，向对方提出希望或请求，或希望对方给予支持和帮助，或希望对方给予合作，或请求对方提供情况，或请求对方给予批准等。最后，另起一行以"特此函商"、"特此函询"、"请即复函"、"特此函告"、"特此函复"等惯用结语收尾。

函的写作要注意用语的分寸，因是平行文，语言要平和礼貌，但要避免阿谀逢迎，还要注意针对性和时效性。

③范文。

××公司：

贵方有关保险事宜的6月25日来函知悉，特函告如下：

一、综合险。在没有得到我们顾客的明确指示的情况下，我们一般投保水渍险和战争险。如贵方愿投保综合险，我方可以稍低的保费代保此险。

二、破碎险。破碎险是一种特别保险，需收取额外保费。该险现行保险费率为2%，损失只赔超过5%的部分。

三、保险金额。我方注意到贵方欲为装运给贵方的货物按发票金额另加10%投保,我方当照此办理。

我方希望上述答复将满足贵方的要求,并等候贵方的答复。

××公司
××年××月××日

(2)贺信。

①贺信的概念。贺信是表示庆祝的书信的总称,是指社会团体、企业单位或个人向其他单位集体或者个人取得的成就、纪念活动等表示祝贺的一种书信,具有表示慰问和赞扬的作用。

②贺信的结构和写法。贺信一般由标题、称谓、正文、结尾和落款五个部分组成。

a. 标题。贺信的标题通常由文种名构成。如在第一行正中书写"贺信"二字。有的还在"贺信"或"贺电"的前面加上谁写给谁的内容,或者写明祝贺事由等。个人之间的贺信、贺电也可以不写标题。

b. 称谓。顶格写明被祝贺单位或个人的名称或姓名。写给个人的,要在姓名后加上相应的礼仪名称,如"同志",称呼之后要用冒号。

c. 正文。贺信的正文要交代清楚以下几项内容:

第一,结合当前的形势状况,说明对方取得成绩的大背景,或者某个重要会议召开的历史条件。

第二,概括说明对方都在哪些方面取得了成绩,分析其成功的主客观原因。若是贺寿用途的贺信,要概括说明对方的贡献及他的宝贵品质。这一部分是贺信的中心部分,一定要交代清楚祝贺的原因。

第三,表示热烈的祝贺。要写出自己祝贺的心情,由衷地表达自己真诚的慰问和祝福。要写些鼓励的话,提出希望和共同理想。

d. 结尾。

结尾要写上祝愿的话,如"此致敬礼"、"祝争取更大的胜利"、"祝您健康长寿"等。

e. 落款。写明发文的单位或个人的姓名、名称,并署上成文的时间。

③范文。

尊敬的××公司××董事长并全体同仁:

欣闻××药业公司成功改制为××公司,这是××发展历程中具有里程碑意义的大喜事。值此××公司揭牌之际,××公司董事长兼总经理××携全体员工向××公司××董事长及全体同仁致以最热烈的祝贺!

××公司诞生于革命战争年代,发展壮大于改革开放的新时代。具有××年革命光荣历史的××公司秉承"××,××"的企业精神,解放思想,更新观念,抢抓机遇,求真务实,开拓进取,创造了一个又一个药业奇迹,为我国医药工业的发展和现代化建设做出了突出的贡献,成为国内医药界学习、尊敬和推崇的楷模。

××药业有限公司改制为××公司掀开了企业发展崭新的一页,也标志着××公司向着现代化、国际化大公司又迈出了更加坚实的一步。我们坚信,在××董事长及董事会的正确领导下,通过经营层和全体员工的不懈努力,贵公司必将迎来更加辉煌和灿烂的明天!

最后,借××公司揭牌之际,衷心希望我们同心携手,进一步增进相互间的友谊,不断加强双方的合作,用智慧和双手创造我们更加美好的未来。

衷心祝愿××公司蒸蒸日上,兴旺发达!

衷心祝愿贵公司全体员工身体健康,生活更加美好!

××公司
××年××月××日

(3)感谢信。

①感谢信的概念。

感谢信是一种礼仪文书,用于商务活动中的许多非协议的合同中,一方受惠于另一方,应及时地表达谢忱,使对方在付出劳动后得到心理上的收益,它是一种必不可少的公关手段。感谢信是集体单位或个人对关心、帮助、支持本单位或个人表示衷心感谢的函件。感谢信是文明的使者,从文体来说,它属于应用文体。在日常生活和工作中,得到他人的帮助和支持,可用这种文体表示感谢。它与表扬信有许多相似之处,所不同的是感谢信也有表扬信的意思,但是重点在感谢。

②感谢信的结构与写法。

第一行正中用较大的字体写上"感谢信"三个字。如果写给个人,这三个字可以不写。有的还在"感谢信"的前边加上一个定语,说明是因为什么事情、写给谁的感谢信。

第二行顶格写对方单位名称或个人姓名,姓名后面可以加适当的称呼,如"同志"、"师傅"、"先生"等,称呼后用冒号。如果感谢对象比较多,可以把感谢对象放在正文中间提出。

第三行空两格起写正文。这一部分要写清楚对方在什么时间、什么地点、由于什么原因、做了什么好事,对自己或单位有什么支持和帮助,事情有什么好的结果和影响。还要写清楚从中表现了对方哪些好思想、好品德、好风格。最后表示自己或所在单位向对方学习的态度和决心。

正文写好了,另起一行空两格(也可以紧接正文)写上"此致",换一行顶格写上"敬礼"。最后再换一行,在右半行署上单位名称或者个人姓名。在署名的下边写上发信的日期。

写感谢信要注意以下几点:

第一,叙述对方对自己或本单位的帮助,一定要把人物、时间、地点、原因、结果以及事情经过叙述清楚,便于组织了解和群众学习。

第二,信中要洋溢着感激之情。在叙述事实的过程中,除了要突出对方的好思想和表示谢意外,行文要始终饱含着感情。感情要真挚、热烈,使所有看到信的人都受到感染。

第三,写表示谢意的话要得体,既要符合被感谢者的身份,也要符合感谢者的身份。

第四,感谢信以说明事实为主,切勿不着边际地大发议论。

③范文。

感 谢 信

××电缆有限公司于××年××月××日在南京举行隆重开业典礼,此间收到全国各地许多同行、用户以及外国公司的贺电、贺函和贺礼。上级机关及全国各地单位的领导,世界各地的贵宾,国内最著名的电缆线路专家等亲临参加庆典,寄予我公司极大的希望,谨此一并致谢,并愿一如既往与各方加强联系,进行更广泛、更友好的合作。

××电缆有限公司
董事长:×××
总经理:×××

（4）请柬。

①请柬的概念。请柬,又称为请帖、柬帖,为了邀请客人参加某项活动而发的礼仪性书信。

②请柬的格式与写法。根据撰写方法,不论哪种样式的请柬,都有标题、称谓、正文、敬语、落款和日期等。

a.标题。双面请柬封面印上或写明"请柬"二字,一般应作些艺术加工,即采用名家书法、字面烫金或加以图案装饰等。有些单柬帖,"请柬"二字写在顶端第一行,字体较正文稍大。

b.称谓。顶格写清楚被邀请单位名称或个人姓名,其后加冒号。个人姓名后要注明职务或职称,如"××先生"、"××女士"。

c.正文。另起一行,前空两格,写明活动的内容、时间、地点及其他应知事项。

d.敬语。一般以"敬请（恭请）光临","此致敬礼"等结尾。"此致"另起一行,前空两格,再另起一行,写"敬礼"等词,需顶格。

e.落款和日期。写明邀请单位名称或个人姓名,下边写日期。

4.技能训练准备

（1）多媒体教室;

（2）学生每5人为一个小组,每个小组选一名组长;

（3）白纸若干张;

（4）教师现场指导;

（5）训练时间安排:2学时。

5.技能训练步骤

（1）以每组学生为单位,自行设定一个情境,可以是客户来函洽谈业务或者了解公司近况等;

（2）各组根据自己组所设定的内容进行对客户的模拟回函、回信;

（3）以组为单位完成对本组实际操作的评价;

（4）每组派一位代表陈述结果。

6.技能训练注意事项

（1）一丝不苟,认真准备设置情境及所需材料;

（2）认真观察各组模拟训练;

（3）评价报告内容要求认真书写。

四 思考练习

1.简答题

（1）客户来访的一般目的有哪些?

(2)简述商务函件、贺信、感谢信及请柬的结构包括哪些?写法要注意些什么?

2. 案例分析题

新加坡利达公司销售部文员刘小姐要结婚了,为了不影响公司的工作,在征得经理的同意后,她请自己最好的朋友陈小姐暂时代理她的工作,时间为一个月。陈小姐大专刚毕业,比较单纯,刘小姐把工作交代给她,并鼓励她努力干,准备在蜜月回来后推荐陈小姐顶替自己。某一天,经理外出了,陈小姐正在公司打字,电话铃响了,陈小姐与来电者的对话如下:

来电者:"是利达公司吗?"

陈小姐:"是。"

来电者:"你们经理在吗?"

陈小姐:"不在。"

来电者:"你们是生产塑胶手套的吗?"

陈小姐:"是。"

来电者:"你们的塑胶手套多少钱一打?"

陈小姐:"1.8美元。"

来电者:"1.6美元一打行不行?"

陈小姐:"不行的。"

说完,"啪"挂上了电话。

经理回来后,陈小姐也没有把来电的事告知经理。过了一星期,经理提起他刚谈成一笔大生意,对方问:"以1.4美元一打卖出行不行,我要的货量是1100万打。"陈小姐脱口而出:"啊呀,上星期有人问1.6美元一打,我说不行的。"经理当即脸色一变说:"你被解雇了。"陈小姐哭丧着脸说:"为什么?"

问题:

(1)根据以上内容,简述陈小姐在电话接待客户的过程中有哪些是不正确的。

(2)如果是你来接待这通电话,你会如何做?

项目四 物流客户投诉处理

 内容简介

本章内容从对投诉的认识开始讲述,让学生意识到投诉对企业发展的重要性,并对受理投诉、处理投诉的方法进行探讨,通过情境模拟让学生灵活使用这些技巧。

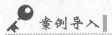 教学目标

1. 知识目标
(1)掌握投诉的概念;
(2)掌握投诉产生的原因和客户的反应。
2. 技能目标
(1)灵活使用受理投诉的技巧;
(2)灵活掌握处理投诉的程序;
(3)掌握客户回访的谈话技术;
(4)能熟练填写相关表格。

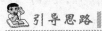 案例导入

某货运公司的 A、B 两名销售人员分别有一票 FOB 条款的货物,均配载在 D 轮从青岛经釜山转船前往纽约的航次上。开船后第二天,D 轮在釜山港与另一艘船相撞,造成部分货物损失。接到船东的通知后,两位销售人员的解决方法如下:

A 销售员:马上向客户催收运杂费,收到费用后才告诉客户有关船损一事。

B 销售员:马上通知客户事故情况并询问该票货物是否已投保,积极协调承运人查询货物是否受损并及时向客户反馈。待问题解决后才向客户收费。

结果 A 的客户货物最终没有损失,但在知道真相后,对 A 及其公司表示不满并终止合作。B 的客户事后给该公司写来了感谢信,并扩大了双方的合作范围。

引导思路

(1)两位销售人员的处理方法有何不同?
(2)造成不同结果的原因是什么?

任务一 受理物流客户投诉

(1) 掌握受理物流客户投诉的技巧;
(2) 模拟客户投诉场景;
(3) 制作和填写物流客户投诉受理表。

可采用讲授、情境教学、案例教学和分组讨论等方法。

一 投诉有效性的确定

1. 投诉的概念

投诉是指消费者为生活消费需要购买、使用商品或者接受服务,与经营者之间发生消费者权益争议后,请求消费者权益保护组织调解,要求保护其合法权益的行为。

2. 客户投诉所采取的表达途径

(1) 当面口头投诉(包括向公司的任何一个职员)。
(2) 书面投诉(包括意见箱、邮局信件、网上电子邮件等)。
(3) 电话投诉。

3. 物流客户投诉的原因和有效性

1) 投诉的原因

客户投诉的原因可以归纳为两种:结果不满和过程不满。

(1) 结果不满。

结果不满是指提供的最终产品和服务不符合客户的要求,如产品性能未达到要求、产品使用出现故障、产品数量短缺、服务质量未满足规定的要求等,是客户认为产品和服务没有达到他们预期的目的,未能产生应有的利益或价值。结果不合格通常会给客户带来精神和物质上的双重损失。

结果不满的关键特征是客户遭受了经济损失。

(2) 过程不满。

过程不满是指在生产和服务过程中出现的不合格,常用于服务类产品,如服务态度差、送货不及时、等候时间过长等。过程不合格通常没有影响到过程的结果,没有给客户带来物质上的损失,但是由于员工不按服务承诺和规范操作,给客户带来不愉快的感知,是客户对在接受产品和服务的过程中感受的不满意。

过程不满的关键特征是最终的结果虽然符合要求,但客户在过程中感觉受到了精神伤害。

2) 投诉的有效性

(1)恶意投诉。

个别消费者提出非分要求,明显无理取闹,行为、语言粗鲁,虽经合理而耐心的解释,但仍发生投诉。对待这样的投诉一定不能发火,要耐心解释,事后把该客户列入特殊对待名单,如果该客户屡次采取这样的行动,可以诉诸法律来保障企业权益。

(2)有效投诉。

投诉无论采取哪种形式,都要讲清楚以下内容:一是投诉人基本情况,即投诉人的姓名、性别、联系地址、联系电话、邮政编码等;二是被投诉方的基本情况,即被投诉方名称、地址、电话等;三是购买服务的时间、要求、价格等;四是受损害的具体情况、发现问题的时间及与经营者交涉的经过等;五是购物凭证、保修卡、约定书复印件等。经过查实确有此事的才予以接受,然后进入投诉处理环节。

4.客户投诉记录单的填写

1)客户投诉受理表的内容

(1)客户基本信息。

①客户的名称:记录客户名称方便进行客户类别查询和后续跟进。

②客户的地址:记录客户地址方便货物重新配送和回访。

③客户的联系方式:记录客户联系方式方便投诉处理过程中与客户及时沟通。

④客户的投诉时间:记录客户投诉时间方便确定投诉处理时限。

(2)客户的投诉内容。

①客户投诉的内容:包括客户对服务存在问题的描述以及因为服务不周而造成其损失的情况。

②客户的要求:包括客户所要求的精神上的抚慰和物质上的补偿,以及其自身在企业那一方地位的提升等。

(3)投诉的处理情况。

①投诉正常处理流程。

当客户提出的要求在客服人员的权限内,并且客服人员能当时给以答复的话最好及时处理,这样能给客户一个自己被重视的感觉,投诉的处理效果较好。

a.采用投诉正常处理流程的情况。

a)投诉的事项有明确的文件规定或工作指南可以正常处理时。

b)投诉的信息清楚无误,足以作出判断时。

c)受理员有足够的权限可以进行处理时。

d)客户接受组织预定的解决方案时。

b.需要采用投诉正常处理流程的原因。

a)保证对一般性的例行投诉处理有事先的策划。

b)让受理员工有明确的程序指引,可以快速处理客户的问题。

c)保证每个员工都按统一规范的程序公平对待客户。

②投诉升级处理流程。

a.需要采用投诉升级处理流程的情况。

a)处理投诉所需采取的行动超出了受理员工规定的权限,如美国某酒店规定大堂经理在处理投诉时有不超过1000美元的权限。

b)可能对组织的声誉或经济造成重大影响的投诉,如某电信企业规定惊动新闻媒体的投诉必须上报总经理。

c)关系复杂,涉及多个部门或单位的投诉。

d)客户不接受企业方员工提出的解决方案。

b.需要采用投诉升级处理流程的原因。

a)快速的行动对于投诉处理非常重要,升级处理流程可以避免投诉处理因为某些人为因素而停滞不前。

b)当投诉处理和客户发生分歧时,升级处理流程可以缓解对立的情况,避免小的投诉演变成大问题。

c)升级处理流程使组织能够有足够的资源来处理严重或复杂的投诉。

③投诉外部评审流程。

a.需要采用投诉外部评审流程的情况。

a)当客户不接受组织提出的解决方案,且无法继续协商时。

b)当客户准备采取法律行动时。

b.需要采用投诉外部评审流程的原因。

a)尽管内部解决是最好的方案,但最好的投诉管理体系也不能期望让所有的客户都满意。

b)进入法律程序对于组织和客户双方都是不希望发生的事,双方都要耗费大量的时间和金钱,因此选择独立的外部评审流程符合双方的利益。

c)可以节省大量的法律和管理成本。

d)可以使投诉在未向外界公开之前得到解决,避免了客户采取进一步行动向媒体、其他协会施加压力,使事件陷入无法收拾的地步。

e)对于客户来说,更容易接受外部评审程序做出的处理结果。

f)有利于维持良好的客户关系,增强客户的信心。

c.可以成为外部评审机构的有:物流行业管理部门;物流行业协会;消费者组织;仲裁委员会等。

(4)客户的评价。

投诉处理完之后,要对客户进行回访,询问其对处理过程和结果的满意程度,以不断改进企业自身的服务水平。

(5)事后反思总结。

客服人员在投诉受理完毕后,要把投诉作为案例,完整地整理归档,对投诉时间、地点、当事人、投诉的原因和处理结果进行详细记录。典型的案例,要在工作例会上提出,共同寻找管理和服务的漏洞,从中吸取教训,改进服务,避免类似事件的再次发生,使营销管理和客户关系管理日臻完善。

(6)领导审批。最后,将表格拿给领导审批,存档。

表4-1和表4-2是两家企业的《客户投诉登记表》及《客户投诉处理表》。

客户投诉登记表 表 4-1

受理编号:			
投诉人名称:	接到投诉时间:		投诉来源:
首问责任人:	投诉事项:		
投诉人要求:			
投诉人地址:		投诉人联系电话:	
投诉人要求答复解决时间:		客服代表承诺答复时间:	
被投诉责任人名称:		被投诉人联系电话:	
处理情况:(1)立即答复并已解决问题;(2)登记并交主管			
主管协调结果:			
被投诉责任人理由:			
被投诉人解决方案:			
被投诉人解决问题的进展:			
最终处理结果并采取的措施:			
最终处理结果答复投诉人时间:			
投诉人对解决措施的满意情况:(1)非常满意;(2)满意;(3)一般;(4)不满意;(5)非常不满意			
投诉事件分析后的启示、建议:			
未回访	已回访		回访时间:
被投诉的相关责任人的处理意见:		客服代表处理意见:	
客服主管处理意见:		总经理意见:	

备注:处理意见相关栏目需签名并注明日期。

客户投诉处理表 表 4-2

日期:

客户名称				联系人	
投诉时间				出货日期	
服务名称	规　格		数量	金　　额	
投诉事项					
要　　求	赔　偿(元)	折　让(%)	退货数量	金　额(元)	其　他

续上表

业务部意见		主　管	
		经　办	
QC 意见			
调查记录及异常说明	类似投诉：	□经常	□初次发生
	客户投诉处理事项是否存在：□是　□否		
	说明：		
责任部门对策	暂定：		
	永久：		
资　料	□现场调查报告　　□QC 反馈表		
处理结果	赔偿　　元　　折让　　%　　退货数量　　金额　　元		
	接受理由：		
	不良品处理：		
	责任单位：		
	对策落实事件：		
总经理批示		主　管	制　表

二　受理物流客户投诉的技巧

1. 情境设置

模拟客户电话投诉，让同学们互换角色进行投诉受理练习。

2. 技能训练目标

能够合理使用投诉受理技巧，稳定客户情绪，并填写客户投诉登记表。

3. 相关理论知识

投诉是客户因产品或服务质量没有达到期望值而提出不满意的表示。而受理投诉，则是企业对过失或瑕疵的一种弥补措施，也是提高客户满意率的一项重要途径。客户的素质和期望不同，投诉的原因也不尽相同，但投诉的目的不外乎两种：精神上得到补偿，如希望受到重视和尊敬，发泄心中的不满；物质上得到补偿，如希望得到更多的高效服务。

要想成功地处理客户投诉，先要找到最合适的方式与客户进行交流。很多客服人员都会有这样的感受，客户在投诉时会表现出情绪激动、愤怒，甚至出现破口大骂的情况。此时，客服人员要明白，这实际上是一种发泄，把自己的怨气、不满发泄出来，客户忧郁或不快的心情便得到释放和缓解，从而维持了心理平衡。此时，客户最希望得到的是同情、尊重和重视，因此,应立即向其表示道歉,并采取相应的措施。

1)认真倾听,弄清原委

保持谦虚的态度认真听取客户的叙述,全面了解客户所投诉的事情或问题,听明白客户在投诉什么,为什么要投诉。听者要注视客户,不时地点头示意,让对方明白你在认真听取和对待他的意见。边听边做好记录,以示对客户的尊重和所反映问题的重视。

(1)快速反应。

客户认为商品有问题,一般会比较着急,怕不能得到解决,而且也会不太高兴。这个时候要快速反应,记下他的问题,马上查询问题发生的原因,及时帮助顾客解决问题。有些问题不是能够马上解决的,也要告诉客户会马上给您解决、现在就给您处理等。

(2)热情接待。

如果客户收到东西后过来反映有什么问题的话,要热情的对待,要比交易的时候更热情,这样买家就会觉得这个卖家好,不是那种虚伪的,刚开始的时候很热情,等钱收到之后就爱理不理的那种。对于爱理不理的那种,买家就会很失望,即使东西再好,他们也不会再来了。

(3)表示愿意提供帮助。

"让我看一下该如何帮助您,我很愿意为您解决问题。"

正如前面所说,当客户正在关注问题的解决时,客服人员应体贴地表示乐于提供帮助,自然会让客户感到安全、有保障,从而进一步消除对立情绪,形成依赖感。

(4)引导客户思绪。

我们有时候会在说道歉时感到不舒服,因为这似乎是在承认自己有错。其实,"对不起"或"很抱歉"并不一定表明自己或公司犯了错,这主要表明自己对客户不愉快经历的遗憾与同情。不用担心客户因得到自己的认可而越发强硬,认同只会将客户的思绪引向解决方案。同时,也可以运用一些方法来引导客户的思绪,化解客户的愤怒。

①"何时"法提问。

一个在火头上的发怒者无法进入"解决问题"的状况,客服人员要做的首先是逐渐使对方的火气减下来。对于那些非常难听的抱怨,应当用一些"何时"问题来冲淡其中的负面成分。

客户:"你们根本是瞎胡搞,不负责任才导致了今天的烂摊子!"

客服人员:"您什么时候开始感到我们的服务没能及时替您解决这个问题?"

而不当的反应,如同我们司空见惯的:"我们怎么瞎胡搞了?这个烂摊子跟我们有什么关系?"

②转移话题。

当对方按照他的思路在不断地发火、指责时,可以抓住一些其中略为有关的内容扭转方向,缓和气氛。

客户:"你们这么搞把我的日子彻底搅了,你们的日子当然好过,可我还上有老下有小啊!"

客服人员:"我理解您,您的孩子多大啦?"

客户:"嗯……6岁半。"

③间隙转折。

暂时停止对话,特别是自己也需要找有决定权的人做一些决定或变通:"稍候,让我来和上级领导请示一下,我们还可以怎样来解决这个问题。"

④给定限制。

有时虽然做了很多尝试,对方依然出言不逊,甚至不尊重自己的人格,这时可以转而采用较为坚定的态度给对方一定限制:"汪先生,我非常想帮助您。但您如果一直这样情绪激动,我只能和您另外约时间了。您看呢?"

(5)认真倾听。

客户投诉商品有问题,不要着急去辩解,而是要耐心听清楚问题的所在,然后记录下客户的名称、购买的商品,这样便于我们去回忆当时的情形,和客户一起分析问题出在哪里,才能有针对性地找到解决问题的办法。

在倾听客户投诉的时候,不但要听他表达的内容还要注意他的语调与音量,这有助于了解客户语言背后的内在情绪。同时,要通过解释与澄清,确保真正了解客户的问题。

"王先生,来看一下我的理解是否正确。您是说,您一个月前买了我们的手机,但发现有时会无故死机。您已经到我们的手机维修中心检测过,但测试结果没有任何问题。今天,此现象再次发生,您很不满意,要求我们给您更换产品。"你要向客户澄清:"我理解了您的意思吗?"

认真倾听客户,向客户解释他所表达的意思并请教客户自己的理解是否正确,都是向客户表明了自己的真诚和对他的尊重。同时,这也给客户一个重申他没有表达清晰意图的机会。

2)表示理解,不与争辩

倾听完毕,可以对客户说:"我理解您现在的心情,我们一定会认真核实并处理这件事情。"当客户情绪激动时,更要保持平和的心态和语气,绝不能与客户争辩对错。当客户的认识和理解有误时,不宜当场纠正,更不能责怪客户。应站在为什么客户会产生误会的角度,从自身工作上找原因。

(1)认同客户的感受。

客户在投诉时会表现出烦恼、失望、泄气、愤怒等各种情绪,客服人员不应当把这些表现理解成是对个人的不满。特别是当客户发怒时,你可能会想:"我的态度这么好,凭什么对我发火?"要知道,愤怒的情感通常都会潜意识中通过一个载体来发泄。你一脚踩在石头上,会对石头发火,飞起一脚踢远它,尽管这不是石头的错。因此,客户仅仅是把你当成了发泄对象而已。

客户的情绪是完全有理由的,理应得到极大的重视和最迅速、最合理的解决。所以要让客户知道你非常理解他的心情,关心他的问题:"王先生,对不起,让您感到不愉快了,我非常理解您此时的感受。"

无论客户是否永远是对的,至少在客户的世界里,他的情绪与要求是真实的,客服人员只有与客户的世界同步,才有可能真正了解他的问题,找到最合适的方式与他交流,从而为成功的投诉处理奠定基础。

(2)安抚和解释。

首先要站在客户的角度想问题,客户一般总不会无理取闹的,他来反映一个问题,要先想一下,如果是自己遇到这个问题会怎么做,怎么解决,所以要跟客户说,"我同意您的看法"、"我也是这么想的",这样客户会感觉到你是在为他处理问题,同时也会让客户对你的信任更多。要和客户站在同一个角度看待问题,比如说一些"是不是这样子的呢"、"您觉得呢"。还有在沟通的时候称呼也是很重要的,一个客服肯定是有一个团队的,团队不是只有一个人,所以对自己这边的称呼要以"我们"来称呼,和客户也可以用"我们"来说,"我们分析一下这个问题"、"我们看看……",这样会更亲近一些的,对客户也要以"您"来称呼,不要一口一个"你",这样既不专业,也没礼貌。

3)理解客户

从思想上认识到客户向你投诉不是找你的麻烦,而是对你信任的表现。要把客户的投诉当作促进个人业务素质提高,促进企业服务和管理水平提高的一种载体,发自内心地欢迎和感谢客户的批评和抱怨。受理投诉后,应向客户表示:"这确实是我们工作的疏忽,给您带来的损失,我们一定会想办法弥补。非常感谢您给我们提出的宝贵意见。您指出了我们服务中的差错和不足,帮助我们及时发现并纠正。"

(1)诚恳道歉。

不管是什么样的原因造成客户的不满,都要诚恳地向客户致歉,对因此给客户造成的不愉快和损失道歉。如果已经非常诚恳地认识到自己的不足,客户一般也不好意思继续不依不饶。

(2)提出补救措施。

对于顾客的不满,要能及时提出补救的方式,并且明确地告诉客户,让客户感觉到你在为他考虑,为他弥补,并且你很重视他的感觉。一个及时有效的补救措施,往往能让客户的不满变成感谢和满意。

针对客户投诉,每个公司都应有各种预案或解决方案。客服人员在提供解决方案时要注意以下几点。

①为客户提供选择。通常一个问题的解决方案不是唯一的,给客户提供选择会让客户感到受尊重;同时,客户选择的解决方案在实施的时候也会得到来自客户更多的认可和配合。

②诚实地向客户承诺。因为有些问题比较复杂或特殊,客服人员不确信该如何为客户解决。如果不确信,不要向客户作任何承诺,诚实地告诉客户,会尽力寻找解决的方法,但需要一点时间,然后约定给客户回话的时间。一定要确保准时给客户回话,即使到时仍不能解决问题,也要向客户解释进展,并再次约定答复时间。诚实会更容易得到客户的尊重。

③适当地给客户一些补偿。为弥补公司操作中的一些失误,可以在解决问题之外,给客户一些补偿。很多企业都会给客服人员一定授权,以灵活处理此类问题。但要注意的是,将问题解决后,一定要改进工作,以避免今后发生类似的问题。有些处理投诉的部门,一有投诉首先想到用小恩小惠息事宁人,或一定要靠投诉才给客户应得的利益,这样不能从根本上减少此类问题的发生

(3)通知客户并及时跟进。

给客户采取什么样的补救措施,现在进行到哪一步,都应该告诉给客户,让客户了解我

们的工作,了解我们为客户付出的努力。当客户发现商品出现问题后,首先担心能不能得到解决,其次担心需要多长时间才能解决,当客户发现补救措施及时有效,而且商家也很重视的时候,就会感到放心。

4. 技能训练准备
(1)学生每6~8人为一个小组,每个小组选一名组长;
(2)卡片若干张;
(3)教师现场指导;
(4)训练时间安排:2学时。

5. 技能训练步骤
(1)以每位学生为单位,在卡片上写出要投诉的内容;
(2)各组通过卡片问询法,收集要投诉的问题,问题汇总后分配角色;
(3)以组为单位完成客户投诉受理过程;
(4)每组派一位代表陈述情景模拟的感受。

6. 技能训练注意事项
(1)一丝不苟,认真填写卡片;
(2)卡片汇总后要进行归类;
(3)调研内容的确定要有依据,要准确。

三 思考练习

1. 填空题
(1)客户投诉的原因可以归纳为两种:_____,_____。
(2)客户的投诉内容包括:_____,_____。

2. 简答题
(1)简述投诉的概念。
(2)受理客户投诉的技巧有哪些?

3. 论述题
(1)结合实际案例分析在受理投诉之前为什么要判断投诉的有效性?
(2)结合实际案例分析在受理客户投诉技巧中你认为最重要的是什么?

任务二　处理物流客户投诉

(1)掌握日常物流业务可能产生的失误类型及客户对不同失误的反应;
(2)掌握投诉处理流程;
(3)掌握赔偿的相关知识。

可采用讲授、情境教学、案例教学和分组讨论等方法。

一 日常物流业务的失误类型

1. 导致客户不满意的原因

1）理解差距

客户期望与管理者对客户期望的理解之间的差距,即不能正确理解客户的需求。

2）程序差距

目标与执行之间的差距,即虽然理解了客户的需求,但没有制订相应的工作流程和规范来保证满足客户需求。

3）行为差距

服务绩效的差距,即虽然有工作流程和规范,但得不到有效执行。

4）促销差距

实际提供的产品或服务和对外沟通之间的差距,即客户得到的产品或服务质量达不到组织宣传和承诺的水平。

5）感受差距

客户的期望与服务感知之间的差距,即组织提供的服务质量不能被客户完全地感受到。

这五个差距可通过"SERVQUAL"的多指标体系进行测量。

SERVQUAL 理论是依据全面质量管理(Total Quality Management,TQM)理论在服务行业中提出的一种新的服务质量评价体系,其理论核心是"服务质量差距模型",即服务质量取决于用户所感知的服务水平与用户所期望的服务水平之间的差别程度(又称为"期望—感知"模型)。用户的期望是开展优质服务的先决条件,提供优质服务的关键就是要超过用户的期望值。其模型为:Servqual 分数 = 实际感受分数 − 期望分数。

SERVQUAL 模型具体内容由两部分构成:第一部分包含 22 个项目,记录了顾客对特定服务行业中优秀公司的期望;第二部分也包括 22 个项目,它度量消费者对这一行业中特定公司(被评价的公司)的感受。然后把从这两部分中得到的结果进行比较就得到五个维度的每一个"差距分值"。差距越小,服务质量的评价就越高;消费者的感受力期望的距离越大,服务质量的评价越低。相反,差距越小,服务质量的评价就越高。因此,SERVQUAL 是一个包含 44 个项目的量表,它从五个服务质量维度来测量顾客的期望和感受。问卷采用 7 分制,7 表示完全同意,1 表示完全不同意,* 表示分值相反。

SERVQUAL 将服务质量分为五个层面:有形性(Tangibles)、可靠性(Reliability)、响应性(Responsiveness)、保障性(Assurance)、移情性(Empathy),每一层面又被细分为若干个问题,通过调查问卷的方式,让用户对每个问题的期望值、实际感受值及最低可接受值进行评分,并由其确立相关的 22 个具体因素来说明它。然后通过问卷调查、客户打分和综合计算得出服务质量的分数。

(1) 有形性(Tangibles)。

有形性包括实际设施、设备以及服务人员的列表等。其组成项目有：有现代化的服务设施；服务设施具有吸引力；员工有整洁的服装和外套；公司的设施与他们所提供的服务相匹配。

(2) 可靠性(Reliability)。

可靠性是指可靠、准确地履行服务承诺的能力。其组成项目有：公司向客户承诺的事情都能及时完成；客户遇到困难时，能表现出关心并帮助；公司是可靠的；能准时提供所承诺的服务；正确记录相关的记录。

(3) 响应性(Responsiveness)。

响应性指帮助客户并迅速提高服务水平的意愿。其组成项目有：不能指望他们告诉客户提供服务的准时时间(*)；期望他们提供及时的服务是不现实的(*)；员工并不总是愿意帮助客户(*)；员工因为太忙一直无法立即提供服务，满足客户的需求(*)。

(4) 保证性(Assurance)。

保证性是指员工所具有的知识、礼节以及表达出自信与可信的能力。其组成项目有：员工是值得信赖的；在从事交易时，客户会感到放心；员工是礼貌的；员工可以从公司得到适当的支持，以提供更好的服务。

(5) 移情性(Empathy)。

移情性是指关心并为客户提供个性服务。其组成项目有：公司不会针对客户提供个别的服务(*)；员工不会给予客户个别的关心(*)；不能期望员工了解客户的需求(*)；公司没有优先考虑客户的利益(*)；公司提供的服务时间不能符合所有客户的需求(*)。

可从五个差距中来识别客户不满意的原因所在，从而采取有效对策。

2. 企业日常业务的失误类型

1) 业务人员操作失误

计费质量确认有误；货物包装破损；单据制作不合格；报关、报验出现失误；运输时间延误；结关单据未及时返回；舱位无法保障；运输过程中货物丢失或损坏等情况。

2) 销售人员操作失误

结算价格与所报价格有差别；与承诺的服务不符；对货物运输过程监控不利；与客户沟通不够，有意欺骗客户等。

3) 供方操作失误

运输过程中货物丢失或损坏；送(提)货时不能按客户要求操作；承运工具未按预定时间起飞(航)等。

4) 代理操作失误

对收货方的服务达不到对方要求，使收货方向发货方投诉而影响公司与发货方的合作关系等。

5) 客户自身失误

客户方的业务员自身操作失误，但为免于处罚而转嫁给货代公司；客户方的业务员有自己的物流渠道，由于上级的压力或被要求购买指定货物而被迫合作，但在合作中有意刁难等。

6) 不可抗力因素

天气、战争、罢工、事故等所造成的延误、损失等。

以上情况都会导致客户对公司的投诉,公司对客户投诉处理的不同结果,会使公司与客户的业务关系发生变化。

二 客户对不同失误的反应

1. 服务失误后的客户反应

发生服务失误时,客户会有两种反应:一种是选择沉默,另一种是采取行动。权威数据显示,超过96%的不满意客户会选择沉默,占绝大多数。这部分人的下一步分两种情况:一种是寻找新的供应商,另一种是继续容忍下去,保持原有供应商。

1)不抱怨的原因

一般有以下五种:

①认为抱怨会浪费时间和精力,投诉和反馈的成本都极为巨大。

②不相信经过行动会对自己或他人有积极的事情发生。

③不知如何抱怨,不了解或没意识到哪里存在倾听抱怨的开放途径。

④有时候未抱怨者会采取"情感对抗"来处理其消极活动,包括自责、否定和可能寻求社会帮助。

⑤某些服务失误不是真的重要,不足以花费时间抱怨。不过这可能是一时的不很重要,当再次需要这些服务时,一次不满意的经历可能驱使客户转向竞争者。

只有不到4%的顾客会选择抱怨,抱怨的途径有三种:向供应商投诉、向朋友或家人抱怨、向第三方抱怨。

2)抱怨的原因

①社会责任。客户相信自己会获得由于物流企业服务失误而给予的某种形式的赔偿。

②帮助其他人避免遇到相似的情况或者惩罚这家服务供应商。

③极少数出于喜欢抱怨或制造麻烦。

选择抱怨的客户,其中有多数是很难取得令人满意的解决结果。于是,客户反应一般分化成两种:一种是转向竞争者,寻找新的供应商;另一种是继续容忍下去,保持原有供应商。

2. 常见的客户对不同失误的反应

1)偶然并较小的失误,客户会抱怨

失误给客户造成的损失较小,但公司处理妥当,使多年的客户关系得以稳定。

2)连续的或较大的失误会遭到客户投诉

客户抱怨客服人员处理不当,而此时,客户又接到他的客户的投诉,转而投诉货代等。

3)连续投诉无果,使得客户沉默

由于工作失误,客户损失较大,几次沟通无结果。如果出现这种情况,一般而言,通常会出现两种结果:一是客户寻求新的合作伙伴;另一种则是客户没有其他的选择,只能继续合作。

所有这些可以归纳为四步:客户抱怨、客户投诉、客户沉默、客户丢失。其实,这些情况在刚出现时,只要妥善处理是完全可以避免的。因为,当客户进行投诉时,就已说明他还是想继续合作,只有当他失望,选择沉默时,才会终止双方的合作。

三　处理客户投诉的程序

1. 判断客户投诉的目标和目的

1) 客户投诉到客服部门

(1) 客服接到客户的投诉电话,应先尽量安抚客户的情绪,弄清楚客户投诉的目的,答应客户尽快协调解决问题,严禁与客户争吵,用积极的态度、良好的心态、平缓的语气跟客户沟通。与客户沟通后第一时间内联系处理投诉的相关人员寻找解决方法,严禁擅自做主对客户做出超出自己能力范围的决定。

(2) 投诉处理相关人员了解情况后,判断客户投诉的级别,迅速做出处理方案后与客户沟通,将方案告知客户并协商解决。若客户同意解决方案,立即按照方案执行解决问题;若客户不同意解决方案,再次与客户协商,在公司的利益不受到损失的情况下尽量满足客户的要求;若客户的要求严重损害了公司或公司员工的利益,即客户提出了无理的要求,导致解决方案无法实施,应明确告诉客户公司的相应制度,请客户尊重公司的制度。

(3) 客户态度强硬,拒不接受公司方案的,可请客户到公司来协商解决。若客户同意,则由相关负责人与被投诉客服的部门经理接待客户并与客户协商处理,事先要有准备;若客户不同意,则由相关负责人与被投诉客服的部门经理决定是否需要上门拜访客户解决问题;若客户未经允许,擅自上门闹事,则由相关负责人迅速与客户沟通,安抚客户情绪并安排至接待室,依据前期沟通客户的表现决定是否需要大区经理和行政部相关人员参与协商。

2) 客户投诉到公司其他部门

(1) 客户投诉到商务部,事先告知商务部门如有客户投诉至此并且投诉对象是相关客服,请商务部同事立即联系相关客服说明情况。然后执行客户直接投诉到客服部的相关流程。在此过程中请商务部同事务必将客户投诉情况如实转告相关客服人员,如相关客服人员对商务部同事所反映的情况产生怀疑,可以马上给客户打电话确认事件真实性。

(2) 客户投诉至前台(行政部),事先告知行政部如有客户投诉客服人员,请行政部同事立即转告客服处理投诉相关人员以及相关客服。其后由被投诉相关客服立即打电话给客户确认,答应给客户寻找解决方案,事情解决后告知行政部负责人。

客户投诉处理流程如图4-1所示。

3) 投诉处理回访

(1) 在规定时限内解决了客户的问题,然后打电话回访询问客户对处理方案是否满意,客户还觉得哪些地方不妥,记录并向客户致谢。

(2) 在规定时限内未解决客户的问题,由相关负责人立即打电话给客户道歉,安抚客户,如果客户态度比较强硬追究企业责任,可以考虑在处理方案上适当作出让步,使客户满意。

2. 处理客户投诉的注意事项

1) 受理投诉阶段

(1) 控制自己的情绪,保持冷静、平和;

(2) 先处理客户的情绪,改变客户心态,然后处理投诉内容;

(3) 应将客户的投诉行为看成是公事,进行实事求是的判断,不应加入个人情绪和喜好;

（4）抱着负责的心态,真正关心客户投诉的问题。

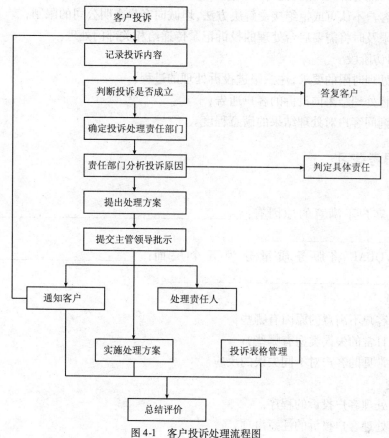

图 4-1　客户投诉处理流程图

2) 接受投诉阶段

（1）认真倾听,保持冷静;同情理解并安慰客户;

（2）给予客户足够的重视和关注;

（3）不让客户等待太久,当客户不知道等待多久时,告诉客户明确的等待时间;

（4）注意对事件全过程进行仔细询问,语速不宜过快,要做详细的投诉记录;

（5）立即采取行动,协调有关部门解决。

3) 解释澄清阶段

（1）不得与客户争辩或一味地寻找借口;

（2）注意解释语言的语调,不得给客户有受轻视、冷漠或不耐烦的感觉;

（3）换位思维,易地而处,从客户的角度出发,进行合理的解释或澄清;

（4）不得试图推卸责任,不得在客户面前评论公司、其他部门、同事的不是;

（5）在没有彻底了解清楚客户所投诉的问题时,不得马上将问题转交其他同事或相关部门;

（6）如果确实是企业的原因,必须诚恳道歉,但是不能过分道歉,注意管理客户的期望,限时提出解决问题的方法。

4) 提出解决方案阶段

（1）根据投诉类别和情况,提出相应的解决问题的具体措施;

(2)向客户说明解决问题所需要的时间及其原因;
(3)如果客户不认可或拒绝接受解决方法,坦诚向客户表明公司的限制;
(4)按时限及时将需要后台处理的投诉记录传递给相关部门处理。
5)跟踪回访阶段
(1)根据处理时限的要求,注意跟进投诉处理的进程;
(2)及时将处理结果向投诉的客户通告;
(3)关心询问客户对处理结果的满意程度。

四 思考练习

1. 填空题
(1)导致客户不满意的原因有:_____,_____,_____,
_____,_____。
(2)SERVQUAL 将服务质量分为五个层面:_____,_____,
_____,_____,_____。

2. 简答题
(1)导致客户不满意的原因有哪些?
(2)企业日常的失误类型有哪些?
(3)简述常见的客户对不同失误的反应。

3. 论述题
(1)论述处理客户投诉的程序。
(2)论述处理客户投诉的注意事项。

任务三 投诉处理后服务跟进

(1)掌握物流客户回访方法;
(2)利用客户投诉信息进行企业服务内容改进。

可采用讲授、情境教学、案例教学和分组讨论等方法。

教学内容

一 回访投诉客户的步骤

1. 情境设置
处理完客户投诉后,需要对客户进行回访,以确定客户对处理结果是否满意,同时也能让客户感到企业对他的重视,能够重新获得客户的青睐。在这个情境中,同学们需要通过电话和面谈两种方式对客户进行回访,主要回访内容就是客户对处理过程和结果的满意程度,以及对企业的意见等。

2. 技能训练目标

(1)会填写客户回访报告表;

(2)会分析物流客户回访信息;

(3)撰写物流客户回访报告。

3. 相关理论知识

客户回访是企业用来进行产品或服务满意度调查、客户消费行为调查、客户关系维系的常用方法。由于客户回访往往会与客户进行比较多的互动沟通,更是企业完善客户数据库、为进一步的交叉销售作准备,因此认真的策划就显得尤为重要。

1)客户回访目的

(1)通过客户回访能够准确掌握每个客户的基本情况和动态。

(2)在对客户有翔实了解的基础上,有针对性地对不同客户进行不同方法的维系与跟踪回访。

(3)了解客户需求,便于为客户提供更多、更优质的增值服务。

(4)发现自身存在的不足,及时改进提高。

(5)提高客户满意度。

2)客户回访工作流程

(1)调取客户资料。

①销售人员或客户服务人员根据公司客户资料库和客户回访的相关规定,对所保存的客户信息进行分析。

②销售人员或客户服务人员根据客户资料确定要拜访的客户名单。

③销售人员或客户服务人员根据客户资料确定拜访每个客户的具体目的。

(2)客户拜访准备。

①制订回访计划。

销售人员或客户服务人员根据客户资料制订《客户回访计划》,包括客户回访的时间、回访目的、回访内容等。应根据公司业务情况结合客户特点选择合适的回访方式。

回访的目的要明确。一般地,回访有三大目的:

a. 客户对产品使用情况了解,通过回访要教育、引导或培训客户使用产品,在回访中要指导客户产品使用注意事项以及产品保养保修注意事项。

b. 回访的第二目的是为了建立客户档案、延伸服务项目、增强公司在客户思维中的记忆、提高公司在客户思维中的认知度和美誉度。

c. 回访的第三个目的是与客户建立文化情感关系。特别是在社会中有一定影响力的客户是重点回访对象。

②预约回访时间或地点。

a. 销售人员或客户服务人员应事先同客户联系,与客户预约回访的时间或地点。

b. 时间或地点的预约要充分考虑客户的时间安排,不打扰客户。

③准备回访资料。

a. 销售人员或客户服务人员根据《客户回访计划》准备客户回访的相关资料,包括客户基本情况(姓名、职务、联系方式等)、客户服务的相关记录和客户特殊需求等。

b. 确定回访主体内容。回访工作人员在与客户沟通中,扮演的是公司的"发言人",他所讲的内容代表公司。因此,回访的内容,必须要事先确定统一的用语,特别是技术性比较强的产品,其技术术语的解释非常重要。

(3)实施回访。

①回访的方法。可以采用电话、书信、电子邮件、QQ等各种通信方式进行回访。对于重要客户可以上门回访。特别是对产品提出中肯意见或良好建议的客户,一定要上门回访。

②公司规定必须进行客户回访的情况。

a. 首次电话回访。

回访时机:产品安装或上线使用一个月后,对客户进行第一次电话回访。

回访内容:了解产品使用情况,注重了解客户对产品基本功能是否掌握。

回访对象:设备负责人或技术人员、行业行政管理人员、使用人员。以上人员最好都能回访到,尤其是使用人员,了解其是否会使用。

措施:回访结果填入《客户回访记录表》相应栏目中,在客户档案里存档;对于使用中的问题要及时解决;不能解决的问题或技术建议按照公司正规方式向公司研发技术部门反馈;不能通过电话回访解决的问题必要时进行现场回访。

b. 常规电话回访。

回访时机:首次电话回访后,每半年对客户进行一次电话回访。

回访内容:了解产品使用情况,特别注重了解客户对产品使用的反馈问题或提出的需求。

回访对象:设备负责人或技术人员、行业行政管理人员、使用人员。以上人员最好都能回访到,尤其是设备负责人或技术人员,了解设备使用以来反馈的故障或问题。

措施:回访结果填入《客户回访记录表》相应栏目中,在客户档案里存档;对于使用中的问题要及时解决;不能解决的问题或技术建议按照公司正规方式向公司研发技术部门反馈;不能通过电话回访解决的问题必要时进行现场回访。

c. 现场回访。

回访时机:对于大客户每年至少进行一次现场回访,对于特大或重要客户每半年进行一次现场回访。每次回访后客户经理或技术服务人员需请受访客户在《客户回访记录表》上签字。

回访内容:详细了解产品使用情况,了解用户新的需求与建议,寻求新的商务机会,沟通客户关系。

回访对象:业务负责人或技术人员、行业行政管理人员、使用人员。以上人员最好都能回访到,尤其是业务负责人或技术人员,了解客户对设备的使用要求和新需求,仔细听取客户的意见与建议,作为下一步市场开拓的方向。

措施:回访结果填入《客户回访记录表》相应栏目中,在客户档案里存档;对于使用中的问题要及时解决;不能解决的问题或技术建议按照公司正规方式向公司研发技术部门反馈,必要时提交总裁办的质量与技术管理专员,由总裁办专门组织立项。

③回访行为要求。对于现场回访,回访工作人员必须准时到达回访地点。回访工作人员的语言行为、形体行为都必须要体现企业文化。在回访中,要认真处理顾客的投诉、不满、疑惑等,应诚实、可信,并且对公司负责,对客户负责。

④回访信息记录。回访工作人员要热情,全面了解客户的需求和对服务的意见,并认真填写《客户回访记录表》。回访工作人员必须要日清日结,对所回访的客户基本信息、产品需求、使用要求以及服务评价都要有书面记录,对于回访客户所提出的问题、建议都要有原始记录。

(4)整理回访记录和处理。

①销售人员或客户服务人员编制回访报告。

a. 在结束回访的第二天应根据《客户回访记录表》记录的回访过程和结果,对客户的回访过程和回访结果进行汇总和评价形成《客户回访报告》。

b. 回访结束后,回访人员应在三天内将回访的相关资料提交部门主管审核,如果由于客观原因确实无法提交的,应报部门主管同意后一周内提交。

②部门主管领导审阅。

主管领导对下属人员提交的《客户回访记录表》、《客户回访报告》进行审查,并提出指导意见,及时对回访结果提供处理意见。

a. 对于发现的问题及时处理。原则上谁的问题谁负责任处理。如果由公司安排他人处理,则从当事人销售或服务费用中扣除相关的差旅和服务费用。

b. 对于回访效果好的员工和技术服务人员向公司总裁办提出申请给予表扬,并作为每年度表彰或晋级的依据。

c. 对于回访效果不好的员工和技术服务人员进行批评,对问题严重者提交公司总裁办审批后进行罚款处罚。每年度的定级、评薪将参考技术服务人员的服务质量。

(5)资料保存和使用。

①销售人员或客服人员对《客户回访计划》、《客户回访记录表》、《客户回访报告》进行汇总,按照客户分类后建立客户档案,以备参考。

②相关市场开拓和运营管理部门参考客户回访的相关资料制订《客户开发计划》和客户销售策略。

客户信息登记表和客户回访记录表如表4-3、表4-4所示。

客户信息登记表 表4-3

客户类别( )公司名称		经营性质	
地　　址		联系人及电话	
企业负责人电话			
部门主管、电话			
企业规模			
沟通情况			

续上表

回访时间、对象	
回访记录	
回访时间、对象	
回访记录	
备注	

职员：

客户回访记录表

表4-4

客户名称		地址			邮编	
被访人		电话			传真	
职务		E-mail		类别	□使用人员 □管理人员	
回访方式	□首次电话回访　　□常规电话回访　　□现场回访　　□其他_____					
回访时间				产品购买时间		
回访内容	□1.产品使用情况　　　□2.产品问题反馈　　　□3.公司服务响应情况 □4.人员变动情况　　　□5.其他需求_____					
客户回访内容记录	（您好，打扰了，请问是×先生/女士吗？我是河南大博金科技发展有限公司的客户回访人员，感谢您购买我们的产品，可以打扰您几分钟问您几个问题吗？） 1.产品质量评价（以下问题可根据客户或产品特点自行添加） 　（1）请您对我公司××产品使用情况进行评价： 　　　A.很稳定，几乎没有报修　　　　B.较稳定，没有较大的系统、产品事故 　　　C.一般，不够稳定 　（2）您对我公司产品系统功能操作方面的评价是： 　　　A.好　　　　　　　　　　　　　B.一般 　　　C.功能不够完善　　　　　　　　D.操作烦琐 　（3）您对我公司整体质量评价是： 　　　A.好　　　　　　　　　　　　　B.一般 　　　C.较差 2.公司服务响应情况和评价 　（1）请您对我公司客服工程师的服务态度评价： 　　　A.很好，热情、周到、耐心　　　B.较好，能较耐心 　　　C.差，没有耐心，态度恶劣 　（2）请您对我公司客户服务的响应速度满意度评价： 　　　A.满意　　　　　　　　　　　　B.较满意 　　　C.不满意 　（3）请您对我公司客服工程师技术水平程度评价： 　　　A.好　　　　　　　　　　　　　B.较好 　　　C.一般　　　　　　　　　　　　D.差 　（4）请您对我公司客服人员服务承诺方面的实现情况评价： 　　　A.很好，都实现了　　　　　　　B.较好，尽力而为之 　　　C.差，基本实现不了 　（5）客服过程中是否存在乱收费现象： 　　　A.有　　　　　　　　　　　　　B.没有					

续上表

客户回访 内容记录	（6）您对于我们服务的整体满意度： 　　A. 满意　　　　　　　　　　　B. 较满意 　　C. 不满意 3. 意见和建议 （您认为我公司在产品、服务哪些方面需改进或者有什么要求，请提出您的宝贵意见）（非常感谢您的合作，如果您在使用中有什么问题，请随时和我们联系，我们将为您提供最好的服务。）
处理方式及结果	电话或现场答复记录：
遗留问题 处理跟踪	遗留问题： 提交日期： 解决结果跟踪：
客户意见	（现场回访需填写）
回访记录人员　　　　　　填写日期　　　　　　主管审批　　　　　　日期	

注：（1）此单用于回访服务时填写。
　　（2）此单由回访人员填写，回访结束后提交部门主管领导审批后，交由公司本部门文员归档。
　　（3）服务人员现场回访完毕后，请客户签名盖章确认。
　　（4）表单编号由各部门文员统一赋予，不必填写。

3）回访工作中遇到问题的解决方法

在回访客户的过程中有时并不是很顺利，有的客户态度不是很好，不耐烦，有的甚至出言不逊，也有一些客户出于对有些专业知识并不是十分了解，有些质疑，造成了对回访工作的不理解，但作为回访人员仍要耐心地倾听，要做最好的听众。

发生客户投诉的时候，由于是程序或是服务出现了问题，导致客户的情绪十分激动，这些都要给予理解，既要站在客户的角度考虑问题，又要维护自己的合法权益，所以在处理一些问题时客户的不理解会造成工作上的一些困难。

通过接收客户提出的意见投诉、合理化建议，做到信息及时向相关部门反馈、改进，加强内部合作意识，加强对客户重视程度。

与客户进行回访时,要注意以下方面:

(1)首先要调整好情绪,声音听上去应该尽可能友好、自然,以便能很快取得客户的信任,使其能坦率地说话。

(2)客户一般不会觉得自己的认识有什么大问题,因此应使用推荐的介绍,进行正面引导、提醒,让他们感受到公司的专业性。

(3)要给那些没有准备的顾客时间,以便他们能记起细节。说话不应太快,不应给客户留下"你正匆匆忙忙"的印象。

(4)一定要让客户把要说的话说完,不要打断他。对他说的话进行简要而又清楚的记录。不说批评的话语,对客户的评述与表扬要进行记录。

(5)如果客户抱怨的话,不要找借口,只需对客户解释说已经记下了他的话;如果客户乐意的话,要确保公司的顾问会再打电话给他。客户的问题解决后要在第一时间里及时回访客户,告知处理结果,表示对问题的重视。

4.技能训练准备

(1)学生每6~8人为一个小组,每个小组选一名组长;

(2)卡片若干张;

(3)教师现场指导;

(4)训练时间安排:2学时。

5.技能训练步骤

(1)以每位学生为单位,在卡片上写出要回访的内容;

(2)各组通过卡片问询法,收集要回访哪些问题,问题汇总后进行角色分配;

(3)以组为单位完成客户回访情境模拟;

(4)每组派一位代表陈述情境模拟的感受。

6.技能训练注意事项

(1)一丝不苟,认真填写卡片;

(2)卡片汇总后要进行归类;

(3)调研内容的确定要有依据及准确。

二 客户回访谈话技巧

1.规范性用语

1)对方接听电话后先问好

您好:××先生或女士吗?我是××店客服中心的××,很抱歉现在打扰您!您现在方便接听电话吗?

客户表示不方便时:对不起打扰您了,您什么时候方便接听我们会再次和您联系!再见!

客户表示可以时:谢谢,首先对您使用我们的××产品服务表示由衷的感谢,我将占用您几分钟的时间做个简单的回访。

2)回访结束后要与客户道别并表示感谢

结束语:您的问题我会及时反馈到相关部门,今天非常谢谢您,祝您工作愉快,生意兴隆。

2. 注意事项

(1) 说话语速尽量放慢，语气温和。

(2) 多听少说，多让客户说话。

(3) 注意自己的音质，语音要清晰优美，悦耳动听。

(4) 传递给客户的情绪要饱满热情，充满关切。

(5) 打电话前要充分调动积极的情绪，不要在情绪低落时打电话。

3. 以车辆销售客户回访为例

(1) 回访标准用语一

①您好！我是××的客服话务员××号，请问您是××先生/小姐吗？

②您于××月××日在本服务店进行了汽车维修/保养，我想将这次情况做个回访。请问您现在方便接电话吗？

a. 方便——好的，耽搁您2分钟时间！

b. 不方便——好的，那请问什么时候最适合打给您呢？（记下时间）

不好意思打扰了，谢谢您，祝您用车愉快！再见！

③对接待人员在车辆方面的知识，您的满意程度如何？

④经过您的描述后，接待人员对您需求的了解程度如何？

⑤在车辆诊断方面，对于您相信工作人员可以正确诊断车辆故障，您的同意程度如何？

⑥在维修前，接待人员对于将要进行服务内容的解释，您的满意程度如何？

⑦在维修前，接待人员对于将要收取费用的解释(说明)，您的满意程度如何？

⑧维修保养后，接待人员对已进行服务项目的解释(说明)，您的满意度如何？

⑨维修保养后，接待人员对最终收取费用的解释，您的满意度如何？

⑩谢谢您的回访！祝您用车愉快！再见！

(2) 回访标准用语二

①您好！我是××的客服话务员××号，请问您是××先生/小姐吗？

②您于××月××日在本服务店进行了汽车维修/保养，我想将这次情况做个回访。

请问您现在方便接电话吗？

a. 方便——好的，耽搁您2分钟时间！

b. 不方便——好的，那请问什么时候最适合打给您呢？（记下时间）

不好意思打扰了，谢谢您，祝您用车愉快！再见！

③您对这次维修/保养质量的满意度如何？

④请问您对车辆操控性能，您的满意度如何？

⑤请问对于车辆没有异响，您的满意度如何？

⑥维修保养后，接待人员对已进行服务项目的解释和最终收取费用的解释，您的满意度如何？

⑦谢谢您的回访！祝您用车愉快！再见！

(3)回访标准用语三

①您好!我是××的客服话务员××号,请问您是××先生/小姐吗?

②您于××月××日在本服务店进行了汽车维修/保养,我想将这次情况做个回访。请问您现在方便接电话吗?

a.方便——好的,耽搁您2分钟时间!

b.不方便——好的,那请问什么时候最适合打给您呢?(记下时间)

不好意思打扰了,谢谢您,祝您用车愉快!再见!

③对接待人员微笑服务,您的满意度如何?

④维修保养后,接待人员对已进行服务项目的解释和最终收取费用的解释,您的满意度如何?

⑤希望您给予我们最好的评价!谢谢您的支持!再见!

三 思考练习

1.填空题

(1)客户回访工作流程:_____,_____,_____,_____,_____。

(2)回访的方法:_____,_____,_____,_____。

2.简答题

(1)简述客户回访的步骤。

(2)简述客户回访的注意事项。

(3)简述客户回访谈话技术的注意事项。

3.论述题

结合实际案例总结一下快递行业的客户回访基本语言有哪些。

项目五　物流客户关系维护

内容简介

物流客户服务部门在对物流客户进行了开发、接待以及对有问题客户的投诉处理后,还有一个很重要的工作就是对物流客户关系的管理和维护。物流客户关系维护的意义在于让物流企业最大限度地提高物流客户忠诚度,牢牢地把握能给企业带来最大价值的客户群。本部分学习任务基于这种思想,先是通过对物流客户的分析与细分,给出不同物流客户管理办法,然后重点讨论了如何提高现有的,尤其是重要的物流客户的满意度及忠诚度,最后阐述了对物流流失客户进行分类管理以及补救的措施。

教学目标

1. 知识目标

(1) 了解物流客户细分方法;
(2) 了解物流满意度含义及意义;
(3) 了解物流忠诚和满意的区别,以及如何保持客户忠诚;
(4) 掌握物流市场客户流失的原因。

2. 技能目标

(1) 能按照标准划分、区别物流客户;
(2) 能进行物流客户满意度市场问卷表设计;
(3) 能进行物流客户满意度市场调研和实施;
(4) 能区分物流忠诚和满意的不同;
(5) 能区别物流客户流失的原因及进行相应处理。

案例导入

北欧航空公司在20世纪80年代初期因业绩衰退而陷入赤字困境。当时任关系企业总经理的卡尔森临危受命,接任总公司的总经理一职,开始重建工作。

卡尔森没有像其他公司那样裁减员工、削减经费,而是采取了完全不同的做法。他认为经营上最重要的不是这些,而是在全球各地的一线员工与客户的接触过程中。每天大约5

万人次的接触中,能否使客户满意,是决定公司业绩的主要原因。

为使公司上下能够统一思想,卡尔森召集150名高级职员、经理,进行长达三周的集中会议,然后由他们将会议精神灌输给所有的员工。对企业文化、员工价值观和行动习惯都进行了改革。

与此同时,还有一项改革就是新设立"欧洲级"座位,卡尔森针对那些从正规途径购买机票的商人特别开辟了商业人士专用的等级,受到了极佳的评价。每当出现飞机延误,卡尔森必定亲自打电话了解原因,以彻底实施准确的时刻管理。

除了服务的改革之外,卡尔森还努力排除公司内部阻碍,发掘内部组织、制度及手续上可能影响客户满意的问题,并加以解决。通过这些措施,顾客对北欧航空的印象果然改观,而且在很短的时间内即扭亏为盈,成功地完成了公司重建的任务。

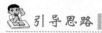

(1)卡尔森为什么将着眼点置于员工与客户之间的无数接触过程中呢?
(2)卡尔森是如何巩固和开发客户的?这样做有什么意义?

任务一　物流客户细分

(1)利用互联网,收集物流企业资料;
(2)由小组讨论,选择某家具有代表性的物流企业;
(3)确定物流客户细分标准;
(4)设计制作一份物流客户细分名单。

可采用讲授、情境教学、案例教学和分组讨论等方法。

教学内容

一　物流客户细分内容确定

1. 情境设置

为了更好地合理利用企业有限资源,服务和管理物流客户,需要对现有物流市场客户进行细分。请选定一家物流公司,根据该公司具体发展情况,为该公司拟订物流客户细分标准,确定细分内容。

2. 技能训练目标

能够根据物流企业的战略目标、企业的状况、目标客户的特点来确定物流客户细分的内容。

3. 相关理论知识

物流企业的盈利和发展取决于客户的价值水平、客户满意度和客户忠诚度等因素。如何吸引、占有、锁定有价值的客户,如何赢得进而提高有价值客户的满意度、忠诚度,成为企业生存和发展的问题,也是客户关系管理能否成功的关键。为此,有必要进行客户细分。

1)客户细分的概念

客户细分,又称为市场细分,是指营销者通过市场调研,依据消费者的需求和欲望、购买行为和购买习惯、客户生命周期和客户价值等方面的差异,把某一产品的市场整体划分为若干个消费群,以提供有针对性的产品服务和营销模式的市场分类过程。每个消费者群就是一个细分市场,每个细分市场都是由具有类似需求倾向,或者客户生命周期、客户价值相近的消费者构成的群体。

2)客户细分的意义

准确的客户细分是企业有效实施客户关系管理的基础,企业客户细分的目的在于更精确地回答谁是企业的客户、客户到底有哪些实际需要、企业应该去吸引哪些客户、应该重点维护哪些客户、应该如何迎合重点客户的需求等重要问题。客户细分的目的和作用具体表现在以下方面。

(1)帮助企业找准市场机会。

如果不对客户进行细分研究,市场始终是一个混沌体,因为任何消费者都是集多种特征于一身的,而整个市场是所有消费者的总和,呈现高度复杂性。客户细分可以把市场丰富的内部结构一层层地抽象出来,发现其中的规律,使企业可以深入、全面地把握各类市场需求的特征。

另外,市场需求是在市场尚未得到满足的购买力,在这些需求中有相当一部分是潜在需求,一般不易发现。企业运用客户细分的手段往往可以了解消费者存在的需求和满足程度,从而寻找、发现市场机会。客户细分可以帮助企业发现客户潜在需求和发展新产品及开拓市场。

(2)确定目标市场有针对性地开展营销活动。

当企业通过客户细分确定自己所需要满足的目标市场,并找到了自己的资源条件和客观需求的最佳结合点,就可以集中企业的人力、物力、财力,有针对性地采取不同的营销策略,取得投入少、产出多的良好经济效益。

客户细分的目的是为了对客户进行差异化分析,从而采取差异化的服务或营销活动,在"一对一营销"的基础上,提高客户满意度,获得并保持客户,最终获得客户的终生价值,在维持长期的客户关系中获得更大的利润。同时,企业通过比较和分析不同细分市场中竞争者的营销策略,选择那些需求尚未满足或满足程度不够,而竞争对手无力占领或不屑占领的细分市场作为自己的目标市场,结合自身条件制订出最佳的市场营销策略。

(3)帮助企业集中有限的资源于最有价值的客户群。

在一般情况下,一个企业不可能满足所有消费者的需求,尤其在竞争激烈的市场中,企业更应集中力量,有效地选择市场,取得竞争优势。企业的资源和能力都是有限的,如何对不同的客户进行有效资源的优化应是每个企业需要考虑的问题。因此,在发展客户时非常有必要对客户进行统计、分析、细分。只有这样,企业才能根据客户的不同特点进行有针对性的营销,赢得、扩大和保持高价值的客户群,引导和培养潜力较大的客户群。

从客户价值的方面来看,不同的客户能够为企业提供的价值也不同。因此,企业不应该简单地追求客户数量,而应该追求客户的质量,要知道哪些客户是企业最有价值的客户,哪些是企业的忠诚客户,哪些是企业的潜在客户,哪些客户的成长性最好,哪些客户最容易流失。因此,企业必须对自己的客户进行细分。

(4)帮助企业对未来的盈利进行量化分析。

为某个特定客户群服务需要投入多少资源、究竟能为其提供多少服务、企业又能从中取得多少收益等,这些信息对企业来说都很重要。客户细分使企业所拥有的高价值的客户资源显性优化,并能够就相应的客户关系对企业未来盈利影响进行量化分析,为企业决策提供依据。

3)客户细分方法

(1)从客户盈利能力的角度进行分类。

客户盈利能力可以从目前状况和未来状况进行分析。在分析目前状况时,横坐标是盈利能力,纵坐标是服务成本,根据这两个方面可以把客户分为四种类型[如图5-1a)所示]:目前盈利高、服务成本低的客户是最具获利性的客户;目前盈利高、服务成本高,以及目前盈利低、服务成本低的客户是具有获利性的客户;而目前盈利低、服务成本高的客户是最不具获利性的客户。根据所分的这几种类型,企业可以采取不同的客户策略。在分析用户目前状况的基础上,客户未来的状况也是企业区别对待客户需要考虑的重要因素。

根据目前盈利情况和未来盈利情况可以把客户分为四种类型[如图5-1b)所示]:目前盈利高、未来盈利也高的客户为最具获利性的客户,是企业的重点客户也是企业重点维护的对象;目前盈利低、未来盈利高和目前盈利高、未来盈利低的客户都是具有获利性的客户,这些客户也为企业创造了价值,是企业需要维护的客户;而目前盈利低、未来盈利低的客户是最不具获利性的客户,对于这一类客户企业不必投入太大的精力。

	目前的盈利能力高	目前的盈利能力低
服务成本低	最具获利性的客户	具获利性的客户
服务成本高	具获利性的客户	最不具获利性的客户

a)目前的状况

	目前的盈利能力高	目前的盈利能力低
未来盈利能力高	最具获利性的客户	具获利性的客户
未来盈利能力低	具获利性的客户	最不具获利性的客户

b)未来的状况

图5-1 客户盈利能力分析

(2)根据客户对企业的价值进行分类。

在客户关系管理中,企业常常按照客户的重要性进行划分。如采用ABC分类法进行划分,可把客户分成贵宾型客户、重要客户和普通客户三种,如表5-1所示。

ABC分类法对客户进行划分 表5-1

客户类型	客户名称	客户数量比例(%)	客户企业创造的利润比例(%)
A	贵宾型	5	50
B	重要型	15	30
C	普通型	80	20

以上划分,较好地体现了营销学中的"80/20"法则,即20%的客户为企业创造80%的价值。当然在80%的普通型客户中,还可以进行进一步划分。有人认为,其中有30%的客户是不能为企业创造利润的,但同样消耗着企业许多资源。因此,有人建议把"80/20"法则改为"80/20/30"法则,即在80%的普通客户中找出其中30%不能为企业创造价值的客户,采用相应的措施,使其要么向重要型客户转变,要么中止其与企业的交易。如有的物流企业对交易量很小的散客,采取提高手续费的形式促使其到其他企业办理业务。

(3)根据客户购买行为分类。

根据客户购买的频率和每次购买的金额可以分为以下四类客户,如图5-2所示。

平均购买额高、同时购买次数低的客户为乐于消费型客户。购买次数低、同时购买额低的为不确定型客户。购买额高、同时购买次数也高的为最好的客户。购买次数高,但购买额低的为经常性客户。

图5-2 客户行为矩阵模型

对于最好的客户,企业要保持,他们是企业利润的基础;对于乐于消费型客户、经常性客户,他们是企业发展壮大的保证,企业应该想办法提高乐于消费型客户的购买频率,通过交叉销售和增量购买,提高经常性客户的平均购买额;对于不确定型客户,企业需要慎重识别客户的差别,找出有价值的客户,使其向另外三类客户转化,而对于无价值客户不必投入资源进行维护。

依据客户行为进行客户细分能够从客户行为上反映不同类型的客户在购买频率、购买量、最近购买日期上的不同,但是难以反映客户在认知维度上的认知状态,如客户的满意度、忠诚度等,公司还要结合客户的认知状态全面评估客户。

4.技能训练准备

(1)学生每5人为一个小组,每个小组选一名组长;

(2)卡片若干张;

(3)教师现场指导;

(4)训练时间安排:2学时。

5.技能训练步骤

(1)以每位学生为单位,在卡片上写出物流客户细分要求的内容;

(2)各组通过卡片问询法,收集要确定哪些问题,问题汇总后确定要了解的内容;

(3)以组为单位完成物流公司客户细分要求内容的确定;

(4)每组派一位代表陈述结果。

6.技能训练注意事项

(1)一丝不苟,认真填写卡片;

(2)卡片汇总后要进行归类;

(3)调研内容的确定要有依据及准确。

二 思考练习

1. 选择题

(1) 从客户盈利能力的角度进行分类,目前盈利低、未来盈利高的客户属于(　　)。

  A. 最具获利性客户

  B. 最不具获利性客户

  C. 具获利性的客户

  D. 不具获利性客户

(2) 著名的80/20法则是指(　　)。

  A. 企业80%的销售额来自于20%的老顾客

  B. 企业有80%的新客户和20%的老客户

  C. 企业80%的员工为20%的老客户服务

  D. 企业的80%的利润来自于20%的老顾客

(3) 如果公司某客户的销售份额很大,边际利润也很高,公司应该采取(　　)客户关系水平。

  A. 负责型　　　　　　　　B. 主动型

  C. 被动型　　　　　　　　D. 伙伴型

2. 简答题

(1) 简述物流客户市场细分的意义。

(2) 简述物流客户细分的方法。

(3) 如何根据客户购买行为进行分类?

3. 案例分析题

安科公司的货物及客户分类管理

安科公司是一家专门经营进口医疗用品的公司,2001年该公司经营的产品有26个品种,共有69个客户购买其产品,年营业额为5800万元。对于安科公司这样的贸易公司而言,由于进口产品交货期较长,库存占用资金大,因此库存管理显得尤为重要。

安科公司按销售额的大小,将其经营的26个产品排序,划分为ABC三类。排序在前3位的产品占到总销售额的97%,将其归为A类产品;第4~7种产品每种产品的销售额在0.1%~0.5%,将其归为B类,其余种产品(共占销售额的1%),将其归为C类。对于A类的3种产品,安科公司实行了连续性检查策略,每天检查库存情况,随时掌握准确的库存信息,进行严格的控制,在满足客户需要的前提下维持尽可能低的库存量,通过与国外供应商的协商,并且对运输时间进行认真分析,计算出了该类产品的订货前置期为两个月(也就是从下订单到货物从安科公司的仓库发运出去,需要两个月的时间)。即如果预测在6月份销售的产品,应该在4月1日下订单给供货商,才能保证在6月1日可以出库。其订单的流程表如表5-2所示。

由于该公司的产品每个月的销售量不稳定,因此,每次订货的数量就不同,要按照实际的预测数量进行订货。为了预防预测的不准确和工厂交货的不准确,还要保持一定的安全库存,安全库存是下一个月预测销售数量的1/3。该公司对该类产品实行连续检查的库存管理,即每天对库存进行检查,一旦手中实际的存货数量加上在途的产品数量等于下两个月的销售预测数量加上安全库存时,就下订单订货,订货数量为第三个月的预测数量。因其实际的销售量可能大于或小于预测值,所以每次订货的间隔时间也不相同。这样进行管理后,这三种 A 类产品库存的状况基本达到了预期的效果。由此可见,对于货值高的 A 类产品应采用连续检查的库存管理方法。

订单流程表   表5-2

日期	4月1日	4月22日	5月2日	5月20日	5月30日	6月30日
流程	下订单给供应商(按预测6月份的销售数量)	货物离开供应商仓库,开具发票,已经算为安科公司库存	船离开美国港口	船到达上海港口	货物入安科公司的仓库,可以发货给客户	全部货物销售完毕

对于 B 类产品的库存管理,该公司采用周期性检查策略。每个月检查库存并订货一次,目标是每月检查时应有以后两个月的销售数量在库里(其中一个月的用量视为安全库存)。另外,在途中还有一个月的预测量。每月订货时,再根据当时剩余的实际库存数量,决定需订货的数量。这样就会使 B 类产品的库存周转率低于 A 类。

对于 C 类产品,该公司采用了定量订货的方式。根据历史销售数据,得到产品的半年销售量为该产品的最高库存量,并将其两个月的销售量作为最低库存。一旦库存达到最低库存时,就订货,将其补充到最高库存量。这种方法,比前两种更省时间,但库存周转率也更低。

安科公司自从实行了产品库存的 ABC 管理以后,虽然 A 类产品占用了最多的时间、精力进行管理,但得到了满意的库存周转率。而 B 和 C 类产品,虽然库存的周转率较慢,但相对于其很低的资金占用和很少的人力支出来说,这种管理也是个好方法。

在对产品进行 ABC 分类以后,该公司又对其客户按照购买量进行了分类。发现在 69 个客户中,前 5 位的客户购买量占全部购买量的近 75%,将这 5 个客户定为 A 类客户;到第 25 位客户时,其购买量已达到 95%。因此,把第 6 ~ 第 25 位的客户归为 B 类,其他的第 26 ~ 第 69 位客户归为 C 类。对于 A 类客户,实行供应商管理库存,一直保持与他们密切的联系,随时掌握他们的库存状况;对于 B 类客户,基本上可以用历史购买记录做出对他们的需求预测作为订货的依据;而对于 C 类客户常有的是新客户,有的一年也只购买一次,因此只在每次订货数量上多加一些,或者用安全库存进行调节。这样一方面可以提高库存周转率,同时也提高了对客户的服务水平,尤其是 A 类客户对此非常满意。

通过安科公司的实例,可以看到将产品及客户分为 ABC 类后,再结合其他库存管理方法,如连续检查法、定期检查法、供应商管理库存等,就会收到很好的效果。

问题:
(1)安科公司怎样对 A、B、C 三类产品进行库存控制?
(2)安科公司如何利用客户的 ABC 分类管理提高库存周转率?
(3)安科公司如何利用客户的 ABC 分类管理提高客户的服务水平?

任务二　物流客户满意度

(1) 利用互联网,收集物流企业资料;
(2) 由小组讨论,选择某家物流企业;
(3) 确定维持物流客户满意度、忠诚度要素;
(4) 设计提高客户满意度、忠诚度方法。

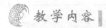

可采用讲授、情境教学、案例教学和分组讨论等方法。

教学内容

一、物流客户满意度内容

1. 情境设置

为了更好地合理利用物流企业的有限资源,服务和管理物流客户,需要对现有物流市场客户满意度进行调查和维护。请选定一家物流公司,根据该公司具体发展情况,为其拟订维护和保持物流客户满意度方案。

2. 技能训练目标

能够根据物流企业的战略目标、企业状况、目标客户的特点来确定维护和保持物流客户满意度的方法。

3. 相关理论知识

1) 客户满意的概念

客户满意(Customer Satisfaction)是20世纪80年代中后期出现的一种经营思想,其基本内容是:企业的整个经营活动要以客户满意度为指针,从客户的角度、用客户的观点而不是企业自身的利益和观点来分析客户的需求,尽可能全面尊重和维护客户的利益。

客户满意是客户对某种产品或服务可感知的实际体验与他们对产品或服务的期望值之间的比较。满意度是客户满意程度的度量。由此可见,客户的满意度是由客户对产品或服务的期望值与客户对购买的产品或服务所感知的实际体验两个因素决定的。

从上面的定义可以看出,客户满意是指客户通过对一个产品或服务的可感知的效果,与他的期望值相比较后形成的愉悦或失望的感觉状态。它是一种客户心理反应,而不是一种客户行为。

从理论上说,客户满意可分为三种类型:不满意、满意和高度满意。如果可感知效果低于期望值,客户就会不满意;如果可感知效果与期望值相等,客户就会感到一般满意;如果可感知效果超过期望值,客户就会感到高度满意。下面用图5-3来表示这种关系,假设客户对产品或服务的期望值为 Q_0,客户对产品或服务所感知的实际体验为 Q_1,则客户可感知效果与期望值比较的结果为不满意、一般满意或者高度满意。

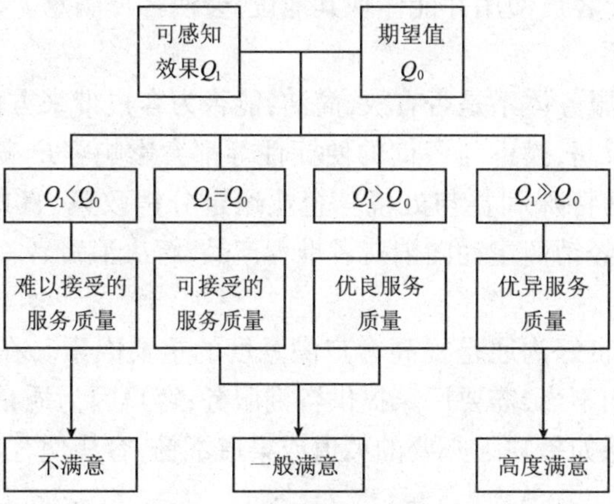

图 5-3　客户满意的类型

对企业来说,不满意的客户下次将不会再购买企业的产品,一般满意的客户一旦发现有更好或更便宜的产品后也会很快地更换品牌,只有高度满意的客户才有可能成为企业的忠诚客户。因此,现代企业把追求客户的高度满意作为自己的经营目标,以培养客户对品牌的高忠诚度。

客户满意度不仅决定了客户行为,客户还会将自己的感受向其他人传播,从而影响到他人的行为。研究表明,如果客户不满意,他会将其不满意告诉 22 个人,除非独家经营,否则不会重复购买;如果客户满意,他会将满意告诉 8 个人,但该客户未必会重复购买,因为竞争者有更好、更便宜的产品;如果客户高度满意,他会将高度满意告诉 10 个人以上,并肯定会重复购买,即使该产品与竞争者相比并没有什么优势。随着客户满意度的增加和时间的推移,客户推荐将给企业带来更多的利润,同时因宣传、推销方面成本的减少也将带来利润的增加,而这两者加起来要远远超出其给企业创造的基本利润。因此,有人形容"一个满意的客户胜过十个推销员"。

2) 影响物流客户满意的因素分析

影响客户满意的因素是多方面的,涉及企业形象、产品、营销与服务体系、企业与客户的沟通以及客户关怀等各种因素。其中任何一个方面给客户创造了更多的价值,都有可能增加客户的满意度;反之,上述任何一个方面客户价值的减少或缺乏,都将降低客户的满意度。影响客户满意的因素可归结为以下五个方面。

(1) 企业因素。

企业是产品与服务的提供者,其规模、效益、形象、品牌和公众舆论等在内部或外部表现出来东西都将影响消费者的判断。如果企业给消费者一个很恶劣的影响,很难想象消费者会考虑选择其产品。

(2) 物流产品因素。

物流产品因素包含三个层次的内容:首先是物流产品与竞争者同类物流产品在功能、质量、价格方面的比较。如果有明显优势或个性化较强,则容易获得客户满意。其次,物流产品包含服务的多少。如果物流产品包含服务较多,则容易获得客户满意。如果其产品与其他厂家差不多,客户很容易转向他处。最后,产品的外观因素,比如包装、运输、配件等,如果产品设计得细致,有利于客户使用并能体现其地位,会使客户满意。

(3)营销与服务体系。

物流企业的营销与服务体系是否有效、简洁,能否为客户带来方便,售后服务时间长短,服务人员的态度、响应时间,投诉与咨询的便捷性等都会影响客户满意度。同时,经营商作为中间客户,有其自身的特殊利益与处境。企业通过分销政策、良好服务赢得经销商的信赖,提高其满意度,能使经销商主动向消费者推荐产品,解决消费者一般性的问题。

(4)沟通因素。

物流企业与客户的良好沟通是提高客户满意度的重要因素。在很多情况下,客户对产品性能不了解,造成使用不当,需要厂家提供咨询服务;客户因为质量、服务中存在的问题要向厂家投诉,与厂家联系如果缺乏必要的渠道或渠道不畅,容易使客户不满意。

(5)客户关怀。

客户关怀是指不论客户是否咨询、投诉,企业都主动与客户联系,对产品、服务等方面可能存在的问题主动向客户征求意见,帮助客户解决以前并未提出的问题,倾听客户的抱怨、建议。通常客户关怀能大幅度提高和增加客户满意度。但客户关怀不能太频繁,否则会造成客户反感,适得其反。

3)物流客户满意度调研方案及问卷设计

(1)制订调研方案。

在确认调查对象和建立评价指标后,就需要制订详细的调研方案。方案包括调研目的、调研内容、调研对象、样本规模和配额、研究方法、调研频率、调研执行时间、调研费用预算以及报告的撰写和提交时间等。

在确定研究方式上,定量调研可以采取的方式包括书面的(现场发放、邮寄、网上下载打印、发传真等)和电子的(网上调查、电子邮件、电话调查等)调研方式,填写人员可以是客户,也可以是企业营销人员或专业调查公司。根据客户数量的多少,可以选择适合的问卷调查形式。最常采用的调查方法有:

①现场发放问卷调查。在客户比较集中的场合,如展览会、新闻发布会、客户座谈会等,向客户发放问卷,现场回收。这种方式快速,如果辅之以小礼品,问卷回收比例会较高,同时具有宣传效果。但是要注意识别客户和潜在客户,调查信息的准确性不高。

②邮寄问卷调查。采用邮寄式调查将比个人拦截更有机会使被调查者填完篇幅较长的问卷。人们发现在家或办公室里更有时间,如果客户对企业感兴趣,就肯花时间协助完成调查。向客户邮寄问卷的同时可以配合慰问信、感谢信或小礼品。邮寄问卷调查数据比较准确,但费用较高,周期长,一般一年最多进行1~2次。

③电话调查。电话调查适合于客户群比较固定、重复购买率高的产品,其好处是企业可以直接倾听客户的问题,速度快,能体现客户关怀,效果较好。其不利之处在于可能干扰客户工作或生活,造成反感。因此,电话调查一定要简洁明了,问题的形式有利于回答。如果客户数量较少,可以由企业营销人员直接联系客户;如果客户数量多,可以采用抽样方式,委托专业调查公司或双方合作进行。

④网上问卷调查。网上问卷调查具有节省费用、快速等特点,特别是在门户网站上开展

的调查很容易引起公众对企业的关注。网上调查只对网民客户有效,结论有失偏颇。

(2)设计问卷。

在问卷调查中,牵扯到测量指标的量化过程。客户满意度测评的本质是一个定量分析的过程,即用数字去反映客户对测量对象的态度。客户满意度测评了解的是客户对产品、服务或企业的看法和态度等,对这类问题的测量一般采用"李克特量表"。李克特量表(Likert Scale)是属评分加总式量表最常用的一种,指同一概念的这些项目用加总方式来计分,单独或个别项目是无意义的。它是由美国社会心理学家李克特于1932年在原有的总加量表基础上改进而成的。

物流客户满意度量表的设计包括两步。第一步是"赋值",根据设定的规则,对不同的态度特性赋予不同的数值。第二步是"定位",将这些数字排列或组成一个序列,根据受访者的不同态度,将其在这一序列上进行定位。之所以将测量指标量化(数字化),一是因为数字便于统计分析,二是数字使态度测量活动本身变得容易。表5-3为客户对某产品质量满意度的测评表。

物流客户对某物流产品质量满意度的测评表　　　　　　　　表5-3

测评指数	满意	较满意	一般	较不满意	非常不满意
准时性	□	□	□	□	□
货物完好性	□	□	□	□	□
安全性	□	□	□	□	□
附加服务	□	□	□	□	□

为了获取更多、更全面的信息,问卷可采用结构式和非结构式相结合的方法,即调研问卷中同时使用开放题和封闭题。

问卷一般包括三部分:第一部分是有关客户的基本情况,如性别、年龄、教育水平、职业、家庭月收入等有关社会人口特征的问题,以了解消费者特征;第二部分是有关客户购买行为特征的问题,如何时购买、何地购买、购买何物、如何购买等问题;第三部分为主体问题,以指标评价体系为基础设计不同类型的态度测量问题。被访者在5级李克特量表上表明他们的赞同程度,从"满意"到"非常不满意"。主体问题部分还可以设计相应的开放题以期更深入地了解客户对行业的评价,以弥补封闭题不详细的缺陷。

表5-4为某物流企业物流客户服务满意度调查表。

物流客户服务满意度调查表　　　　　　　　表5-4

调研项目	对某物流企业各城市供货区域的满意度评价 (1~5分)
1.对业务需求方面响应能力的满意度如何	
提示:对物流需求运力支持、响应能力、业务改进建议的支持是否满足需求	
其他意见与建议:	
2.对货物配送的安全质量满意度如何	
A　货物安全事件发生得频繁	
B　对发生货物安全问题处理的及时性	
提示:是否发生过货错、货差、货丢、货损现象;问题发生后是否能及时给予受理等	

续上表

调研项目		对某物流企业各城市供货区域的满意度评价（1～5分）
其他意见与建议：		
3.对发货时效满意度如何		
A	对货物到达的准时性和正确性	
B	对紧急运输（或特殊）、临时需求响应的及时性	
提示：货物是否能在预计到达时间内到货；货物是否正确；对特殊需求是否能给予支持等		
其他意见与建议：		
4.对物流人员服务质量的满意度		
A	对送货人员的服务质量	
B	对物流运作部客服人员的服务质量	
C	对物流在合作过程中影响 ABC 声誉和利益方面的评价	
提示：服务人员的沟通能力；对问题的响应能力；服务态度等		
评价标准为5分制，可打0.5分； 5—代表非常满意；4—代表满意；3—代表一般；2—代表不满意；1—代表非常不满意		
您在满足客户服务方面感到最满意和最不满意的是什么		

4）客户满意度调查方案的实施

在此阶段，企业可以通过本企业的营销人员或者专业的调研公司按照调研方案中的时间进度、调查方式来实施调研。当调研现场执行结束后，经过数据的录入处理，最后由调研公司的研究员撰写调研报告。调研报告包括技术报告、数据报告、分析报告及附件。

（1）技术报告。抽样是保证客户满意度研究结果具有代表性的关键。此部分将详述如何定义调查对象、其代表性如何、样本框如何构成、采用何种抽样方法、具体的抽样步骤以及抽样中可能存在的偏差等。访问是保证结果真实性的关键。此部分还将详述访问员的遴选、培训、督导中遇到的问题、实施进程，并向客户说明如何对调查进行复核。

（2）数据报告。将通过频数和百分比列表、图形、简单文字等说明本次调查的主要结果。

（3）分析报告。将通过显著性分析、相关分析、聚类分析等统计方法对调查结果中的内在关系进行分析，用文字和图形来说明分析结果，采取的研究模型有因素贡献度分析模型、提高满意度行动原则模型和满意度比较模型等。分析报告还应包含结论与建议，研究人员根据数据报告、数据分析、文案研究、个人经验给出本次满意度研究的结论与建议，这些可能会对决策者有直接的意义。

（4）分析报告附件。包括项目计划书、问卷、开放题统计结果、二手资料及其他对调查报告中的观点有说明意义的材料。

4.技能训练准备

（1）学生每5人为一个小组，每个小组选一名组长；

（2）卡片若干张；

（3）教师现场指导；

(4)训练时间安排:2学时。
5.技能训练步骤
(1)以每位学生为单位,在卡片上写出物流客户满意度的内容;
(2)各组通过卡片问询法,收集要确定的问题,问题汇总后确定要了解的内容;
(3)以组为单位完成物流公司客户满意度内容的确定;
(4)每组派一位代表陈述结果。
6.技能训练注意事项
(1)一丝不苟,认真填写卡片;
(2)卡片汇总后要进行归类;
(3)调研内容的确定要有依据、要准确。

二 思考练习

1.选择题
(1)客户满意度由什么决定(   )。
　　A.客户忠诚度
　　B.客户对产品或服务期望值
　　C.客户对产品或服务所感知的实际体验
　　D.由 B、C 两个因素决定
(2)最快速、成本最低的调查方法是(   )。
　　A.电话调查　　　　　　　　B.邮寄调查
　　C.网上问卷调查　　　　　　D.手机短信调查
(3)下列哪个选项不能作为客户不满意调查的信息获取渠道(   )。
　　A.现有客户　　　　　　　　B.潜在客户
　　C.已失去客户　　　　　　　D.竞争者客户
2.简答题
(1)如何进行物流客户满意度调查?
(2)如何提高物流客户满意度?
(3)影响物流客户满意度的主要因素有哪些?
3.案例分析题

呼叫中心是企业与客户直接接触的界面,客户的满意程度将直接反映在呼叫中心的运营中。因此,联想的呼叫中心采用了多种调查方式获取客户满意度,并把客户满意度作为指导联想呼叫中心工作的重要导向。每次调研都会严格按照满意度调查(Survey)、结果分析(Analysis)、调整完善(Promote)、实施改进(Action)四个步骤去做。下面介绍联想呼叫中心是如何运用 SAPA 法进行客户满意度调查的。

(1)定期的第三方调查。

满意度调查是由中立的、第三方调研公司进行,针对某段时间接受过联想咨询服务的最终客户进行抽样的、全方位的满意度调查。调研内容涉及总体满意度、总体不足、对服务的影响因素,如接通及时性、工作态度、服务规范性等的重要性评价,对服务中各项因素的满意度评价等。第三方满意度调查公正、全面,可以从宏观上了解呼叫中心的动作质量,保证最终客户的满意。同时,通过调研结果的分析也可以发现一些企业在流程规范中的不足,调整完善这些规范并跟进实施是每次调研后的工作。

(2)及时的通话后调查。

定期的第三方调查虽然客观、全面,但却无法保证及时性,这是因为客户拨入呼叫中心后所产生的感觉记忆会逐渐淡忘,而在电话后立即完成才能捕捉到客户那一时刻的真实感受。而联想呼叫中心则设有话后 IVR 主动调查功能,每次咨询电话结束后,用户都可以立即通过语音选择评判此次咨询的满意度。客户的这些选择都将被记录在数据库中便于后期的分析和落实改进。同时,所有选择不满的客户电话,都会由更高一级的咨询人员很快进行回呼,了解客户不满的原因,并为客户及时解决问题。总之,在呼叫中心的质量管理体系中,建立客户满意调查及反馈机制是非常关键的环节。可以客观地提供客户对于服务的评价,是不断提高服务品质的一个不可缺少的组成部分。客观评价过去及现在的运营效果,是企业长期重要的度量指标,可以建立、培养忠诚可靠的客户群体,并树立良好的企业形象。

问题:

(1)联想呼叫中心是如何运用 SAPA 法进行客户满意度调查的?

(2)这个案例给你什么启示?

任务三 物流客户忠诚度

(1)利用互联网,收集物流企业资料;
(2)由小组讨论,选择某家物流企业;
(3)确定维持物流客户满意度、忠诚度的要素;
(4)设计提高客户满意度、忠诚度方法。

可采用讲授、情境教学、案例教学和分组讨论等方法。

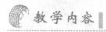

一 物流客户忠诚度内容确定

1.情境设置

为了更好地合理利用物流企业的有限资源,服务和管理物流客户,需要对现有物流市场忠诚度进行调查和维护,请选定一家物流公司,根据该公司具体发展情况,为其拟订维护和保持物流客户忠诚度方案。

2.技能训练目标

能够根据物流企业的战略目标、企业状况、目标客户的特点来确定维护和保持物流客户忠诚度的方法。

3. 相关理论知识

1）客户忠诚的概念

客户忠诚是指客户对某一特定产品或服务产生了好感,形成了偏好,进而重复购买的一种趋向。客户忠诚实际上是一种客户行为的持续性。

2）客户满意与客户忠诚的区别与联系

满意与忠诚是两个完全不同的概念,满意度不断增加并不代表顾客的忠诚度也在增加。调查显示,65%~85%表示满意的顾客会毫不犹豫地选择竞争对手的产品。所以,物流客户服务的最高目标是提升顾客的忠诚度,而不是满意度。

两者的区别在于:物流企业提供的可使顾客满意的物流产品、服务质量标准是在顾客的期望范围之内,顾客认为企业是应该或者可以提供的,英文中用"desired(渴望的)"表示;而可提高顾客忠诚度的产品、服务质量标准是超出顾客想象范围的、令顾客感到吃惊、兴奋的服务,英文用"excited(兴奋的)"表示。

3）如何判断客户忠诚

客户忠诚度可以采用多种指标进行评价,客户忠诚度可以从以下几个方面进行衡量。

(1) 客户重复购买的次数。

在一段时间之内,客户对某一种产品(服务)重复购买的次数越多,说明客户对该产品(服务)的忠诚度越高;反之,则越低。对于产品(服务)多元化的企业而言,客户重复性地购买同一企业品牌的不同产品(服务),也是一种忠诚度高的表现。

(2) 客户购买量占其对该产品(服务)总需求的比例。这个比例越高,表明客户的忠诚度越高。

(3) 客户对企业产品或品牌的关心程度。

客户通过购买或非购买的形式,对企业的商品和品牌予以关注的次数、渠道和信息越多,其忠诚度也就越高。必须指出的是,客户的关心程度与购买次数并不完全相同,例如一些品牌的专卖店,客户可能经常会光顾,但是并不一定每次都会买。

(4) 客户购买时的挑选时间。

一般而言,客户挑选产品所用的时间越短,表明其忠诚度越高。

(5) 客户对产品价格的敏感程度。

客户对价格的敏感程度越低,忠诚度越高。客户对产品价格的敏感程度可以通过侧面来了解,例如公司在价格调整以后,客户购买量的变化、其他的反映等。此外,在运用这一标准的时候,需要结合产品的供求状况、产品对于人们的必需程度以及产品市场的竞争程度等因素综合考查。

(6) 客户对竞争产品的态度。

人们对某一品牌态度的变化,大多是通过与竞争产品的比较而产生的,如果客户对竞争产品表现出越来越多的偏好,表明客户对本企业的忠诚度下降。

(7) 客户对产品质量事故的承受能力。

客户对产品或品牌的忠诚度越高,对出现的质量事故也就越宽容。

(8) 客户对产品的认同度。

客户对产品的认同度是通过向身边的人士推荐产品,或间接地评价产品表现出来的。如果客户经常向身边的人士推荐产品,或在间接地评价中表示认同,则表明忠诚度较高。

客户忠诚度的衡量标准非常丰富,这里无法穷举,上面列举的各种因素其重要程度也不一样,企业可以根据实际情况选择适合的因素给以不同的权值,设计适合自己的指标体系,采取相应的客户忠诚度的解决方案。

4)物流客户忠诚的建立

忠诚客户所带来的收益是长期并具有累积效果的。一个物流企业的忠诚客户越多,客户对企业保持忠诚的时间越久,客户为企业创造的价值就越大,企业所获得的利益也就越多。因此,现代企业不仅要使客户满意,还要努力培养客户的忠诚度,使更多的满意客户进一步升级为忠诚客户。

(1)选择培养目标。

并不是所有的客户都能发展为忠诚客户,因此企业在培养忠诚客户之前,必须首先确定自己培养的对象,通过对客户资料的分析,寻找那些最具有潜力成为忠诚客户的客户群。

(2)提供特色服务。

客户的忠诚主要是建立在非常满意因素的基础上,因此,企业除了要提供高质量的产品和无可挑剔的基本服务,还要选择最吸引客户的方式,提供与众不同的特色服务,以增加客户的价值。

(3)加强与客户的沟通。

企业要保证畅通的沟通渠道,让客户发表自己的意见和建议,在客户需要的时候随时与之交流,及时了解客户的需求,不断增进与客户的情感。通过与客户进行交流而获得的信息将成为企业宝贵的资产,为企业的经营注入活力。

(4)妥善处理客户抱怨。

任何企业都难免出现不尽如人意的地方,因此客户抱怨随时都有可能发生。客户的抱怨会使企业产生负面影响,因而要尽量避免客户抱怨的发生。但在客户抱怨已经发生的情况下,企业应当认真听取客户的抱怨,真诚地接受客户的批评,并全力帮助客户解决所遇到的问题。实践证明,客户的抱怨如果能够得到妥善的处理,反而更容易使其成为忠诚客户。因此,企业应该把客户抱怨的妥善处理作为企业建立客户忠诚的一个重要途径。

4. 技能训练准备

(1)学生每5人为一个小组,每个小组选一名组长;
(2)卡片若干张;
(3)教师现场指导;
(4)训练时间安排:2学时。

5. 技能训练步骤

(1)以每位学生为单位,在卡片上写出物流客户忠诚度的内容;
(2)各组通过卡片问询法,收集要确定的问题,问题汇总后确定要了解的内容;
(3)以组为单位完成物流公司客户忠诚度内容的确定;
(4)每组派一位代表陈述结果。

6. 技能训练注意事项

(1)一丝不苟,认真填写卡片;

(2)卡片汇总后要进行归类;
(3)调研内容的确定要有依据、要准确。

二 思考练习

1. 判断题

(1)忠诚客户所带来的收获是长期且具有累积效果的。一个顾客能保持忠诚度越久,物流企业从他那儿得到的利益越多。（   ）

(2)忠诚的客户来源于满意的客户,满意的客户一定是忠诚的客户。（   ）

(3)向顾客传送超凡的价值无疑可以带来经营上的成功,因此只要实现"所有客户100%的满意"就一定能为企业带来利润。（   ）

2. 简答题

(1)简述客户满意度和客户忠诚度的关系。
(2)什么是客户忠诚度?
(3)如何培养客户忠诚度?

3. 案例分析题

佛山物流是佛山第一家物流企业,每年以50%的速度发展。目前,年营业收入达1.2亿元,管理的资产总额达4亿元,成为佛山物流业的旗帜企业。多年来,佛山物流都锁定食品物流这一块来经营,为多家企事业提供了先进一流的物流一体化服务,积累了丰富的经验。其中最为成功的一个案例,就是为海天调味公司提供的仓储配送业务。佛山物流是为海天调味提供物流一体化服务的合作伙伴。海天调味公司的产成品从生产线下来,直接通过大型拖车进入佛山物流仓库。佛山物流通过信息系统跟踪货物库存信息、出入库管理、业务过程管理、运输监控,并能自动生成各种数据报表,与海天调味品公司实行实时信息共享,满足了海天调味品公司"安全、及时、准确"的配送要求,确保产品最优流入、保管、流出仓库。通过佛山物流仓储配送服务海天可以集中发展主业,将精力集中于生产上,增强了企业在该行业中的核心竞争力。通过佛山物流先进的物流信息管理系统,海天调味品公司可以快速、正确、简便地下单,确保配送计划、库存计划等的顺利完成。佛山物流公司,在产品逐渐趋向无差异化的情形下,最佳做法就是突显服务的差异。物流服务对于物流公司来说至关重要,这也正是佛山物流成功之所在。2001年佛山物流通过ISO 9001质量管理体系认证,这是对佛山物流优质服务的一种肯定。"优质的管理,优质的服务,优质的服务态度,是佛山物流公司对客户的承诺。"该公司有一套很完整的管理细则和操作规范,并根据每个客户个性化的要求,制订服务方针。有时因客户原因造成的责任,他们也会主动去解决问题,不会去推卸,不会去找理由。他们不但关注直接客户的服务,而且也关注客户的客户,这对直接客户的业务会起到很关键的作用,也因为这一点客户都对佛山物流非常满意,很多客户也成为佛山物流的忠诚客户,他们的业务量也就越来越多。

问题:

(1)佛山物流公司是如何为海天味业提供一体化物流服务的?
(2)佛山物流公司培养客户忠诚的法宝是什么?

任务四 物流客户流失处理

(1)利用互联网,收集物流企业资料;
(2)由小组讨论,选择某家物流企业;
(3)确定物流客户流失原因;
(4)设计处理物流客户流失办法。

可采用讲授、情境教学、案例教学和分组讨论等方法。

一 物流客户流失处理内容确定

1. 情境设置

为了更好地合理利用物流企业的有限资源,服务和管理物流客户,需要对物流企业的流失客户进行统计、分析。请选定一家物流公司,根据该公司具体情况,明确其客户流失原因,确定客户流失解决方法。

2. 技能训练目标

能够根据物流企业的战略目标、企业状况、目标客户的特点来确定物流客户流失解决方法。

3. 相关理论知识

1)客户流失概述

在激烈的市场竞争中,即使是满意的客户,也有可能随时"背叛"你,而"投靠"你的竞争对手。所以,绝对不能满足于能够吸引多少客户,更重要的是能够留住多少客户。很多的企业都做着"一锤子买卖",他们在产品投放市场初期很注重吸引客户,千方百计地让客户对自己的产品感兴趣,购买自己的产品;但在售后服务方面却做得很差,容易让客户溜走,而且也使这种购买变成了一次性的交易。因此,很多企业都面临着客户流失问题,企业花费了大量力气吸引来的客户很轻易地就流向了竞争对手。

客户流失一般包括两种情况:当客户主动选择转移到另外一个供应商使用他们的产品和服务,称之为主动流失的客户;而那些由于恶意欠款等原因被企业解除服务合同的客户则是被动流失客户。下面将详细描述这两类流失客户的具体模式和情况。

(1)主动客户流失。

目前,用户最关心的已经不是单纯的产品和服务价格,而是相应的产品和服务是否能够满足他们的需求。只有在一切都能符合其需求时,他们才可能考虑价格。据调查,有些用户主动流失的原因是因为他们不能充分理解供应商所提供的产品和服务的特性,比如电信业的各种通话方式及多样组合的收款方式和服务等。他们的疑惑和迷茫造就了他们去选择企业的竞争对手。如果供应商的产品服务说明更加贴切,服务更加周到,并且帮助客户从通话质量、覆盖率、售后服务、产品特性等多方面了解产品服务的优势后,客户也许会改变主意。

还有些客户选择主动流失是因为他们没有被告知企业新的产品和服务,或者关于采用新技术的产品的功能和特性方面未给予明确的介绍。这使客户无法了解现有供应商的所能够提供的产品和服务的最新背景,转而选择其认为技术创新强的竞争。

可以说,随着新服务、新应用的增长,用户有了比以往更多的选择空间。这使现有供应商不得不面临更大的挑战。

(2) 被动客户流失。

由于恶意欠款或者累积债务等原因导致供应商被迫终止其业务的用户被称为被动流失的客户。这些问题的经常发生其实是由于供应商未能有效地监控到那些具有信用风险的客户,并且没有适时采取措施。我们能够发现那些被动流失的用户相对于其他正常用户有着不同的服务使用模式,这都需要供应商采取各种分析和跟踪手段来加以解决。

2) 客户流失的原因及对策

有关机构对公司的调查表明,客户之所以离开其所在的公司,有 60%~70% 的原因是对公司的服务不满意。图 5-4 是根据两家公司的调查结果制作的柱形图。

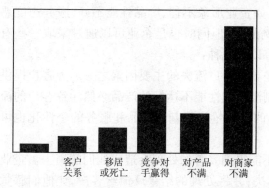 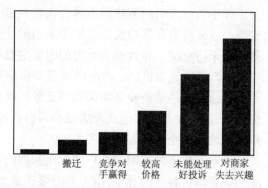

图 5-4　客户流失的影响因素分析图

从这两个图中可以清楚地看到:虽然客户流失的原因不尽相同,各个原因所占的比例也不一致,但是很突出的一点是,在这两个调查中,客户对企业的不满是造成其流失的最大原因。如果将"对商品不满意"、"价格高"、"未能处理好投诉"等因素也考虑进来,那么由于企业自身原因造成的客户流失基本上占了绝大部分,而因为竞争对手的原因造成的客户流失量则很少。下面具体介绍客户流失的原因。

(1) 客户主动流失的原因。

主动客户流失主要有以下三种类型。

① 自然流失。这种类型的客户流失不是人为因素造成的,比如客户的搬迁和死亡等。自然流失所占的比例很小。企业可以通过广泛建立连锁服务网点和经营分公司,或者提供网上服务等方式,让客户在任何地方、任何时候都能方便快捷地使用企业的产品和服务,减少自然流失的发生。

②竞争流失。由于企业竞争对手的影响而造成的流失称为竞争流失。市场上的竞争突出表现在价格战和服务战上。在当前日益激烈的市场竞争中,企业首先要考虑的是保留住自己现有的客户,在此基础上再去吸引和争取新的客户。

通过市场竞争分析,包括市场占有率分析、竞争对手发展情况分析、供应商行为分析、合作商行为分析等,可以防止部分流失的发生。市场占有率分析使市场人员能够了解不同时间段内、不同业务品牌的产品或服务的市场占有率情况,了解市场中最有价值的产品或服务,了解不同产品的主要竞争对手是谁,从而为市场经营提供指导。从竞争对手客户发展情况、竞争对手客户收入情况、竞争对手客户呼叫行为、竞争对手营销策略、竞争对手服务质量五个方面,对竞争对手发展情况进行分析预测。

面对激烈的市场竞争,企业一般可以采取三种策略。

a. 进攻策略:集中力量,发挥自身优势,主动发起攻势,改进产品和服务质量,提高产品声誉,加强品牌优势。

b. 防守策略:如果企业自身能力有限,就应当努力提高服务水平和质量,实行优惠价格,尽量保持和巩固现有市场。

c. 撤退策略:企业通过市场分析或前景预测,如果感到前景对自己不利,就干脆放弃这种产品或服务,以节约资源开发新产品、占领新市场。

③过失流失。上述两种情况之外的客户流失称为过失流失。这些流失都是由于企业自身工作中的过失引起客户的不满意而造成的,如企业形象不佳、产品性能不好、服务态度恶劣等。过失流失在客户流失总量中所占的比例最高,但同时也是企业可以通过采取一些有效手段来防止的。导致过失流失的因素主要有以下几种:

a. 产品质量与价格。产品的质量与价格是导致客户流失的主要因素之一。为客户提供品质优良的产品是企业必须尽到的义务。粗制滥造或性能不达标的产品必然导致客户的流失。所以,企业开展其他商业活动必须以产品的高质量为根基。产品和服务的个性化也可以有效地降低企业的客户流失率。

b. 对客户不闻不问。客户的抱怨和询问不能得到妥善的处理会造成他们的离去。企业应当认真倾听客户的意见,给予及时妥善地解决,并将处理的结果反馈给客户,让他们感觉到自己受到了尊重。这样做不仅可以提高客户的满意度和忠诚度,而且还能从客户那里收集到免费的建议,以便于不断改善企业的产品和服务。通过多种渠道建立有效的反馈机制能帮助企业有效地与客户进行沟通和交流。

c. 对员工置之不理。为了保持客户,企业必须首先赢得自己的员工,特别是那些直接与客户打交道的人员。企业员工的流失,可能导致和他长期保持联系的重要客户流失。频繁的员工流动不仅增加了企业员工培训的成本,还会使客户不得不重新认识和熟悉新的接触对象,这可能增加了他们的不适而导致流失发生。为了减少客户流失,要求企业必须拥有高素质的、稳定的员工群体。

d. 不注重企业形象。良好的企业形象会增加客户的信赖感。企业应该在各方面尽量避免产生负面的社会影响,以优质的产品和服务、良好的企业文化、完善的售后服务机制和积极进取的企业目标来赢得客户的信赖,从而减少客户流失的发生。

e. 思想消极、故步自封。客户的需求是不断变化的,企业如果不能了解客户需求的变化,不能及时更新产品和服务,让客户有更多的选择余地,而是故步自封,满足于现状,就会造成客户的流失。

(2)被动客户流失的原因。

被动流失产生的原因主要有以下几个方面:

①非恶意性被动流失。

非恶意性被动流失比较容易避免,而且出现这种情况的可能性本身就不多。一个有效的避免方法就是为客户提供业务提醒服务。比如,电信部门可以在交纳电话费的限定日期对客户进行语音提醒,以防止客户忘记交费的情况发生。此外,还应当给客户提供多种便于交纳电话费的途径。例如,可以通过电话支付、银行支付和网络支付等。

②报复性被动流失。

报复性被动流失指客户因对企业的产品或服务不满而实施的流失行为。从根源上讲,报复性被动流失的责任不全在客户。要防止和减少这类流失,企业必须及时妥善地处理客户的抱怨和投诉,整顿企业的管理机制,不断改善产品性能和功能。

③恶意被动流失。

恶意被动流失一般是由于客户的信用度低或客户故意诈骗等原因导致的。对此类客户没有保留的必要。可以采取以下措施预防和避免客户的恶意被动流失行为。

a. 建立完善的客户资料库。在与客户合作初期就要求客户填写详细的有关信息并验证其有效性,以便能够在客户"失踪"之后找到他们。同时,在日常的合作中,也要与客户保持紧密的联系。

b. 对客户信誉度进行评估。详细记录客户交易活动的历史数据,建立客户信誉度评估机制,对客户的欺诈行为进行预测。

c. 采用预付费方式。例如,通过预付电话费可以有效防止客户欠费后的流失行为。

d. 通过法律措施。随着各项法律措施的完善,企业可以运用法律的手段来解决客户的恶意欺诈行为。例如,电信企业可以加强对用户的认证监管,并与公安、司法部门联合打击用户的恶意被动流失行为。

4. 技能训练准备

(1)学生每5人为一个小组,每个小组选一名组长;

(2)卡片若干张;

(3)教师现场指导;

(4)训练时间安排:2学时。

5. 技能训练步骤

(1)以每位学生为单位,在卡片上写出物流客户流失处理的内容;

(2)各组通过卡片问询法,收集要确定的问题,问题汇总后确定要了解的内容;

(3)以组为单位完成物流公司客户流失处理内容的确定;

(4)每组派一位代表陈述结果。

6. 技能训练注意事项

(1)一丝不苟,认真填写卡片;

(2)卡片汇总后要进行归类;

(3)调研内容的确定要有依据、要准确。

二 思考练习

1. 选择题

(1)在客户流失分类中,如果客户主动选择转移到另外一个供应商使用他们的产品和服务,我们称之为(　　)的客户。
　　A. 被动流失　　　　　　　　B. 主动流失
　　C. 恶意流失　　　　　　　　D. 经常性流失

(2)有关机构对公司的调查表明,客户之所以离开其所在的公司,有60%~70%的原因是对公司的(　　)不满意。
　　A. 产品　　　　　　　　　　B. 价格
　　C. 服务　　　　　　　　　　D. 员工

(3)面对激烈的市场竞争,企业一般可以采取哪三种策略(　　)。
　　①进攻策略;②防守策略;③撤退策略;④反击策略
　　A. ①②③　　　　　　　　　B. ②③④
　　C. ①③④　　　　　　　　　D. ①②④

(4)由于企业自身工作中的问题引起客户的不满意而造成的客户流失被称为(　　)。
　　A. 被动流失　　　　　　　　B. 过失流失
　　C. 恶意流失　　　　　　　　D. 主动流失

2. 简答题

(1)简述物流客户流失的原因。
(2)简述进行物流客户流失管理的意义。
(3)简述对流失大客户进行补救的措施。

3. 案例分析题

客户流失管理——企业的新课题

目前,国内电信竞争正趋向于制度化、程序化和规范化,同时,竞争也日趋白热化。市场竞争势必导致客户流失,从而使客户保持成为电信企业面临的重要课题之一。

1) 客户保持的理论分析

(1)客户保持的必要性分析。

从电信运营商自身的角度来看,客户保持是企业生存发展的需要。下面一组数据可以很好地说明问题:发展一位新客户的成本是挽留一个老客户的4倍;客户忠诚度下降5%,则企业利润下降25%;向新客户推销产品的成功率是15%,然而,向现有客户推销产品的成功率是50%;如果将每年的客户关系保持率增加5个百分点,可能使利润增长85%;向新客户进行推销的花费是向现有客户推销花费的6倍;如果公司对服务过失给予快速关注,70%对服务不满的客户还会继续与其进行商业合作;60%的新客户来自现有客户的推荐;一个对服务不满的客户会将他的不满经历告诉8~10个人,而一位满意的客户则会将他的满意经历告诉2~3人。可见,客户保持,即忠诚客户的价值体现在增加企业的盈利、降低企业的成本以及提高企业的信誉度、美誉度等方面。

(2)电信企业客户流失的表现形式及流失的原因。

要研究客户保持,必然要先分析客户流失。调研发现,电信企业客户流失有三种表现形式,即公司内客户转移、客户被动流失、客户主动流失。

客户被动流失表现为电信运营商由于客户欺诈或恶意欠费等行为而主动终止客户使用网络和业务。这是由于电信运营商在客户开发的过程中忽视了客户质量造成的。

客户主动流失分为两种情况:一种是客户不再使用任何一家电信运营商的电信业务;另一种是客户选择了另一家运营商,即所谓的"客户跳网"。

从以上分析可以看出,只要在开发客户的过程中注意保证客户质量,客户的被动流失是可以避免的。但电信公司的客户转移和客户主动流失是无法完全避免的。

2)国外电信企业客户保持策略

他山之石,可以攻玉。借鉴国外电信运营商的客户保持对策,对我国电信企业客户保持工作大有裨益。

(1)培育客户的忠诚度。

国外电信运营商主要从三个方面来培育客户的忠诚度:一是提高客户的满意度,二是加大客户的流失成本,三是留住有核心客户的员工。

提高客户的满意度是最基本的。要对核心客户进行更进一步地细分,然后针对不同类型的客户采取不同的市场策略。据统计,有65%~85%的流失客户说他们对原来的供应商是满意的。因此,还须同时采取其他方面的办法来建立客户忠诚度。

(2)建立合理的业务流程,为客户建立真正的"绿色通道"。

目前,服务中存在后台支撑体系不完善、效率低下等问题的症结在于企业内部尚未健全流畅的业务流程,影响了客户服务的质量。因而,有必要建立由客户部牵头、为客户提供最合理的一揽子解决方案的系统流程。如何针对客户需求,结合自身网络特点,设计出最为合理的一揽子解决方案,是客户保持工作中的重要课题。客户部可以在各相关业务部门的紧密配合下,客观地为客户设计一个科学合理的技术方案。后台支撑部门应以高质量、高效率为目标,围绕客户部开展维护、运营工作。

(3)建立客户档案和客户关系管理(CRM)系统。

客户档案是对客户有效服务的基础。建立客户档案就是要及时了解客户的网络结构、设备配置、网点组成、技术负责人、客户背景资料、使用电信业务的基本情况及动态变化等,特别是要对大客户进行跟踪并及时反馈。为了随时掌握大客户的情况,国外电信运营公司都特别重视对大客户的统计分析,定期对所服务的客户结构进行调查,统计分析大客户的消费量、消费模式等基本情况,对大客户进行动态管理和预警监管。

(4)服务补救——挽回客户的最后一招。

服务补救是指对已流失的客户采取"超满意服务"措施,最大限度地使客户由不满意变为满意,由不信任至信任,最终赢回客户。服务补救是事后修正的重要手段。由于新的电信运营商不断抢占市场,因此,要让那些抛弃老公司的客户作回头客就更加困难。运营商还须跟踪那些值得赢回的核心客户,在市场时机适当的时候,适时地推出赢回客户计划。须注意的是,由于认识到每家公司都无法避免客户流失,在分析时就有可能因为信息不完备而误将潜在的价值客户认作必然流失的客户,而放弃赢回的努力。要想避免这种情况,不仅要分析客户当前的数据,还要对客户的历史数据进行分析。从市场细分的角度而言,客户是可以被挑选的,对于非目标群体,实在不能挽留的就只能放弃。

问题:
(1)电信企业客户流失的原因有哪些?物流企业客户流失的原因有哪些?
(2)国外企业客户保持策略对物流企业客户管理的启示?

项目六 物流客户服务绩效与风险评价

🔍 **内容简介**

目前,我国物流行业正处于发展阶段,如果在建立物流系统的同时,实时进行绩效与风险评估,对不断完善和提高物流管理水平,使其成为企业的"第三利润源泉"具有重要意义。优秀的物流客户服务是大多数物流企业追求的目标,而通过对其绩效进行合理地评价可以发现企业物流客户服务中存在的缺陷和不足,为企业的客户服务指明发展的方向,促使企业建立科学的客户服务策略及最优的客户服务体系。因此,如何科学、全面地分析和评价物流企业的绩效与风险,已成为物流企业迫切需要解决的课题。鉴于客户服务水平对于物流企业的重要性,本任务在介绍客户服务绩效评价指标的基础上,对物流企业的客户服务绩效进行有效评估,并对物流客户风险和信用的相关知识予以说明,为建立科学的物流客户服务绩效与风险评估理论提供了有益的探讨。

教学目标

1. 知识目标
(1)了解物流客户服务绩效;
(2)了解物流客户服务风险;
(3)掌握物流客户服务绩效评价指标;
(4)理解物流客户服务信用评价与实施的具体方案。

2. 技能目标
(1)能够熟练掌握各项物流客服绩效指标;
(2)能够综合考虑各种因素,选择合适的绩效指标对物流企业的客户服务进行评价;
(3)熟悉物流客户的各种相关风险;
(4)掌握物流客户信用评价与实施的方法。

案例导入

由一则案例引发对绩效评估的探讨。

G是某物流公司客服部的主管,今天他终于费尽心思地完成了对下属人员的绩效考评并准备把考评表格交给人力资源部。

物流客服绩效考评表标明了工作的数量和质量以及合作态度等情况,表中的每个特征都分为五等:优秀、良好、一般、及格和不及格。

所有的职工都完成了本职工作。除了S和L,大部分还顺利完成了G交给的额外工作。考虑到S和L是新员工,他们两人的额外工作量又偏多,G给所有员工的工作量都打了"优秀"。X曾经对G做出的一个决定表示过不同意见,在"合作态度"一栏,X被记为"一般",因为意见分歧只是工作方式方面的问题,所以G没有在表格的评价栏上记录。另外,D家庭比较困难,G就有意识地提高了对他的评价,他想通过这种方式让D多拿绩效工资,把帮助落到实处。此外,C的工作质量不好,也就是及格,但为了避免难堪,G把他的评价提到"一般"。这样,员工的评价分布于"优秀"、"良好"、"一般",就没有"及格"和"不及格"了。G觉得这样做,可以使员工不至于因发现绩效考评低而产生不满;同时,上级考评时,自己的下级工作做得好,对自己的绩效考评成绩也差不了。

（1）该案例中暴露出了哪些问题?
（2）绩效评估对一个企业的重要性?

任务一　物流客户服务绩效指标

（1）利用互联网收集物流企业资料,分析讨论物流客服的绩效指标;
（2）举例分析物流客户服务三大要素。

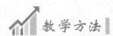

可采用讲授、情境教学、案例教学和分组讨论等方法。

一　物流客户服务绩效指标的内容

物流是优化资源配置、提高经济运行质量、改善投资环境和提升企业核心竞争力的重要途径。顾客服务水平作为物流企业的直接产出,是衡量物流系统为顾客创造时间和空间效应能力的尺度。日益激烈的竞争使越来越多的物流企业意识到只有提供顾客满意的服务才能获得顾客忠诚,从而获得持续发展能力和竞争优势。

1. 情境设置

在老师统一指导下,对有关物流企业的客户服务部门进行调查,了解客户服务绩效指标方面的相关资料,并以小组为单位组织研讨、分析,在充分讨论的基础上,形成小组的课题报告。

2.技能训练目标

能够根据收集到的资料,分析并总结出物流客户服务绩效指标。

3.相关理论知识

1)物流客户服务要素

物流客户服务要素可以分为三类:交易前、交易中和交易后的服务要素。这种分组与市场营销中的一些概念相关联,即销售前期、中期和后期的客户服务。物流客户服务要素概念的描述如图6-1所示。

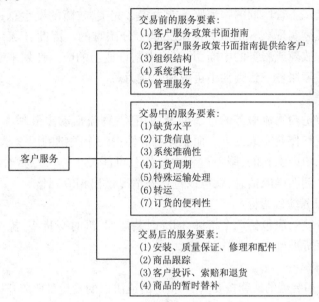

图6-1 物流客户服务要素

2)物流客户服务绩效属性

(1)服务可得性。

服务可得性是指当顾客需要产品或服务时,组织所拥有的库存能力或提供服务的能力。可得性可以通过各种方式实现,最普通的做法是按预期的客户订货进行存货储备。于是,仓库的数目、地点和存货策略便成为物流系统设计的基本问题之一。存货储备可以分为两类:一类是基于需求预测,为满足基本可得性的基本储备;另一类是满足超过预测的需求量,用以适应异常变化的安全储备。一般来说,防止缺货的期望越大,安全储备的需求也越大;安全储备负荷越大,平均存货的数量也越大。

应该清楚的是,要高水准地实现存货可得性需要精心计划,而不仅仅是在销售预测的基础上给各个仓库分配库存。事实上,其关键是要对首要客户或核心客户实现高水准的存货可得性,同时使整个存货储备和仓库设施维持在最低限度,以在维持高服务水平的同时平衡成本压力。服务与成本的权衡会在后面详细介绍。

(2)服务作业绩效。

服务作业绩效可以通过速度、一致性、灵活性和故障与恢复四个方面来衡量。显然,作业绩效涉及物流活动或服务作业期望完成的时间及活动中可接受的变化等因素。

①速度。服务作业完成的速度是指从接受订货到货物实际抵达客户处的时间段。因为

物流系统的设计不同,故订货周期差别很大,可以短至几个小时也可以长达几周、几月或几年。

②一致性。虽然服务速度至关重要,但大多数物流管理者更强调服务的一致性。一致性是指厂商在众多的订单中按时履行订单的能力。也就是说,相对于100个订单5个订单提前完成而言,物流管理者更看重100个订单100%按期履行的能力。

③灵活性。作业灵活性是指处理异常服务需求的能力。需要厂商灵活运作的典型状况有:更改装运交付的地点;新产品引进;供应中断;产品回收;客户的特殊定制等。在很多情况下,让竞争对手最难复制的竞争优势就存在于服务的灵活性中。

④故障与恢复。不管厂商的物流服务能力多么完美,故障的发生总是不可能完全避免,而在故障发生时继续实现顾客的服务需求又是十分困难的。因此,厂商必须具备预测服务过程中可能发生的故障或服务的中断,并有能力制订适当的应急计划来恢复系统的运作,完成服务。这也是保障服务一致性的不可或缺的能力。

(3)服务可靠性。

物流服务的质量与物流服务的可靠性密切相关,物流活动中最基本的质量问题是如何实现服务的可得性和作业完成能力。而服务可靠性中一个关键的因素是厂商能否提供精确无误的信息。正如前面提到的,服务过程中意外总可能发生,客户通常讨厌意外事件,但如果他们能够事先收到明确的信息,就可以对意外情况做出相应调整。

3)物流客户服务绩效指标

物流客户服务绩效应包括7个指标,即准时装运率、准时交货率、拣选准确率、订货完成率、品类完成率、存货准确率、差错损失率。

(1)准时装运率。

准时装运率是指装载的货物按要求的、指定的或协议的发运日期离开指定地点的百分率。

(2)准时交货率。

准时交货率是指下层供应商在一定时间内准时交货的次数占其总交货次数的百分比。供应商准时交货率低,说明其协作配套的生产能力达不到要求,或者是对生产过程的组织管理跟不上供应链运行的要求;供应商准时交货率高,说明其生产能力强,生产管理水平高。

(3)拣选准确率。

拣选准确率是指有差错的货物种类占货物类型总数的百分比。该项指标应每月由作业地点汇总或顾客反馈,厂商也需要向3PL公司反馈。

(4)订货完成率。

订货完成率是指装运完成的订货量占订货总数的百分比。该项指标应每月由作业地点汇总或客户反馈。

(5)品类完成率。

品类完成率是指被拣选完成的产品种类占被拣选产品种类总数的百分比。该项指标应每月由作业地点汇报。

(6)存货准确率。

存货准确率是指存货定期盘点且账物相符的数量占定期盘点并核对的存货的百分比。该项指标应每月由作业地点汇报。

(7)差错损失率。

差错损失率是指由于合同商疏忽,在指定地点发生的货物丢失与损坏占总的吞吐量的百分比。吞吐量根据接收的货物数量加上发运的货物数量的平均值来计算。

4. 技能训练准备

(1)学生每5人为一个小组,每个小组选一名组长;

(2)卡片若干张;

(3)教师现场指导;

(4)训练时间安排:2学时。

5. 技能训练步骤

(1)以每位学生为单位,在卡片上写出要收集的物流客户资料的内容;

(2)各组通过卡片问询法,收集要确定的问题,问题汇总后确定要调研的内容;

(3)以组为单位完成物流客户调研内容的确定;

(4)每组派一位代表陈述结果。

6. 技能训练注意事项

(1)一丝不苟,认真填写卡片;

(2)卡片汇总后要进行归类;

(3)调研内容的确定要有依据、要准确。

二 思考练习

1. 简答题

(1)物流客户服务的三类要素是什么?

(2)简述物流客户服务绩效的属性。

2. 论述题

联系实际谈谈物流客户服务绩效指标的构成。

任务二 物流客户服务绩效评价

(1)利用互联网收集某一物流企业资料,对该企业服务绩效进行评价;

(2)根据物流企业实际情况利用评价方法进行评价。

可采用讲授、情境教学、案例教学和分组讨论等方法。

一 物流客户服务绩效评价的内容

1. 情境设置

物流企业在高速发展的同时,会遇到各种各样的问题,物流客户服务水平的高低是制约物流企业发展的瓶颈,也是物流企业管理的短板,如何来识别物流企业的短板,可通过物流客户服务绩效评价这种诊断工具来进行有针对性的改善。根据老师提供的物流企业的客户服务资料,对该物流企业客户服务绩效进行有效评价。

2. 技能训练目标

能够根据收集到的物流企业的资料,进行物流客户服务绩效评价。

3. 相关理论知识

优秀的物流客户服务是大多数物流企业追求的目标,而通过对其绩效进行合理的评价可以发现企业物流客户服务中存在的缺陷和不足,为企业的客户服务指明发展的方向,促使企业建立科学的客户服务策略,树立良好的客户服务理念。

1) 物流客户服务绩效评价

定期对物流客户服务系统进行绩效评价,有利于企业发现问题改进业务,在竞争中占据优势。对物流客户服务的绩效水平进行评价,可以运用下面几方面的指标:客户满意度、交易前评价指标、交易中评价指标、交易后评价指标。

(1) 客户满意度。

客户满意度是经常被提及的一项评价指标,反映了企业对客户满意程度的重视。客户满意度采用问卷调查、回访、座谈等方法来获得客户满意与否的相关信息。但由于操作性较差的缘故,在物流客户服务绩效评价的过程中,应当尽量将这一指标分解为众多的分指标,同时结合企业的市场份额、企业的形象与声誉、客户忠诚度等指标,力争能够从不同侧面、全面、真实地反映客户的满意程度。

(2) 交易前指标评价。

前述提到物流客户服务的组成要素可以分为交易前、交易中和交易后三大类,根据这些要素,可以构建出评价物流客户服务的各项指标。交易前要素评价指标包括:库存可得率、目标交付时间、信息能力等。

(3) 交易中指标评价。

交易中要素评价指标是对物流服务提供过程中可能影响客户服务质量的关键环节的反映。具体包括:下订单的方便性、订单满足率、订货周期的一致性、订货周期时间、订单处理正确率、订单跟踪、灵活性、货损率等。

(4) 交易后指标评价。

交易后要素评价指标是对物流服务作业活动结束后,一些可能影响客户服务质量的关键因素的反映。具体包括:票据的及时性、退货或调换率、客户投诉率、客户投诉处理时间等。

企业在进行物流客户服务的绩效评价时应结合自身的特点,对上述4个指标进行修改完善,并根据评价的结果找出与企业目标的差距,实行必要的纠正和改进措施,不断提高物流客户服务质量。

2) 物流顾客服务绩效评价方法分析

对于物流企业顾客服务绩效的评价来说,每个指标的评价不是简单的好与不好,而是采用模糊语言分为不同程度的评语。因此,这里采用模糊综合评价模型加以表达。模糊数学是研究和处理具有"模糊性"现象的数学学科,它的研究对象是模糊的,所使用的方法却是精确的。

在评价指标体系中,各个指标都分别分为4个等级:优、良、中、差。这4个等级元素构

成了评价等级集合 V,$V = \{V_1, V_2, V_3, V_4\}$。

(1)指标体系中权重的计算方法。

关于评价指标的权数,可以采用德尔菲法,向有关专家、学者、企业领导和企业客户服务人员发出咨询函,打分填写各评价指标子集的权数,并排出重要程度的顺序,然后对咨询结果进行研究并确定评价指标子集的权数(表 6-1)。

评价指标子集的权数　　　　表 6-1

等评价指标子集	等 U_1	等 U_2	等 U_3
权数分配	a_1	a_2	a_3

对各评价指标子集 U_i 内的评价指标 C_{ij} 指数权重进行分配如下:

$$A_1 = (a_{11}, a_{12}, a_{13}, a_{14}, a_{15})$$
$$A_2 = (a_{21}, a_{22}) \quad A_3 = (a_{31}, a_{32}, a_{33})$$

(2)评价矩阵的确定与综合评价。

①评价矩阵 R_i 的确定。

若共有 n 家物流企业或企业中的人员,对第 C_{ik} 项指标合计有 m_{ikj} 个认为本企业客户服务的该项指标达到 V_j 等级,那么,企业物流客户服务状况在 C_{ikj} 指标方面的评价概率为:

$$r_{ikj} = \frac{m_{ikj}}{n}(j = 1, 2, 3, 4)$$

这是单项指标的评价结果,对该结果的频率统计数据进行分析,可以得到一个单项指标评价的行矩阵,即:

$$R_{ik} = (r_{ik1}, r_{ik2}, r_{ik3}, r_{ik4}) = \left(\frac{m_{ik1}}{n}, \frac{m_{ik2}}{n}, \frac{m_{ik3}}{n}, \frac{m_{ik4}}{n}\right)$$

进一步由此可以得到评价矩阵:

$$R_{ik} = \begin{pmatrix} R_{i1} \\ R_{i2} \\ \vdots \\ R_{ik} \end{pmatrix} = \begin{pmatrix} r_{i11} & r_{i12} & \cdots & r_{i14} \\ r_{i21} & r_{i22} & \cdots & r_{i24} \\ \vdots & \vdots & \ddots & \vdots \\ r_{ik1} & r_{ik2} & \cdots & r_{ik4} \end{pmatrix} (i = 1, 2, 3)$$

其中,下标 k 为各评价指标子集中含有指标的个数。

②综合评价。

a. 第一层次综合评价运算应用模糊数学模型 $A_i \cdot R_i = B_i$,即:

$$(a_{i1}, a_{i2}, \cdots, a_{ik}) \begin{pmatrix} r_{i11} & r_{i12} & \cdots & r_{i14} \\ r_{i21} & r_{i22} & \cdots & r_{i24} \\ \vdots & \vdots & \ddots & \vdots \\ r_{ik1} & r_{ik2} & \cdots & r_{ik4} \end{pmatrix} = (b_{i1}, b_{i2}, \cdots, b_{i4})$$

模糊子集 $B_i = (b_{i1}, b_{i2}, \cdots, b_{i4}), (i=1,2,3)$，是第一层次的综合评价结果，表示在各 $U_i(i=1,2,3)$ 范围内该企业物流服务状态分别以百分之多少的程度被评为"优、良、中、差"4 个等级。

b. 第二层次综合评价运算。

通过第一层次的综合评价运算，得到对评价指标子集的综合评价结果 B_i，可以构成一个总的评价矩阵 R。

$$R = \begin{pmatrix} B_1 \\ B_2 \\ B_3 \end{pmatrix} = \begin{pmatrix} b_{11} & b_{12} & b_{13} & b_{14} \\ b_{21} & b_{22} & b_{23} & b_{24} \\ b_{31} & b_{32} & b_{33} & b_{34} \end{pmatrix}$$

权向量 $A = (a_1, a_2, a_3)$。

按照模糊数学评价模型公式，进行第二层次的综合评价运算：

$$A \cdot R = B$$

$$(a_1, a_2, a_3) \begin{pmatrix} b_{11} & b_{12} & b_{13} & b_{14} \\ b_{21} & b_{22} & b_{23} & b_{24} \\ b_{31} & b_{32} & b_{33} & b_{34} \end{pmatrix} = (b_1, b_2, b_3, b_4)$$

这里得到的 $B = (b_1, b_2, b_3, b_4)$ 就是总的综合评价结果。按照最大隶属度原则，b_j 中数值最大者所对应的等级即该企业物流服务状态所达到的标准等级。

4. 训练准备

(1) 学生每 5 人为一个小组，每个小组选一名组长；

(2) 卡片若干张；

(3) 教师现场指导；

(4) 训练时间安排：2 学时。

5. 技能训练步骤

(1) 以每位学生为单位，在卡片上写出物流客户服务绩效评价方法；

(2) 各组通过卡片讨论法，确定哪种方法是最合适的；

(3) 以组为单位完成物流客户服务绩效评价；

(4) 每组派一位代表陈述结果。

6. 技能训练注意事项

(1) 一丝不苟，认真填写卡片；

(2) 卡片汇总后要进行归类；

(3) 调研内容的确定要有依据，要准确。

二 思考练习

1. 简答题

(1) 对物流客户服务的绩效水平进行评价，要运用哪几个指标？

(2) 简述物流顾客服务绩效评价的方法。

2.思考与讨论

以小组为单位模拟不同行业的物流企业,运用物流客户服务绩效的评价方法进行练习,然后相互打分并讨论。

任务三　物流客户风险相关知识

(1)举例分析物流企业各项风险;
(2)分组讨论并模拟各种场景,制订物流客户风险的防范对策。

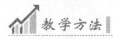

可采用讲授、情境教学、案例教学和分组讨论等方法。

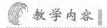

一　物流客户风险相关知识

1.情境设置

随着科技进步、技术创新、金融创新和市场竞争的日益激烈,物流企业面临着前所未有的风险管理挑战,构建企业全面风险管理体系已成为21世纪物流企业管理发展的新趋势。以某一物流企业为例,分析其所面临的客户风险有哪些,并提出应对方法。

2.技能训练目标

能够根据某一物流企业的实际情况,指出它所面临的风险并确定解决方法。

3.相关理论知识

1)物流企业面临的客户风险

(1)与托运人之间可能产生的风险。

①货物灭损带来的赔偿风险——对物流安全性的挑战。

货物灭损包括货物的灭失和损害。可能发生的环节主要有运输、仓储、装卸搬运和配送。发生的原因可能有客观因素,也可能有主观因素。客观因素主要有不可抗力、火灾、运输工具出险等,主观因素主要有野蛮装卸、偷盗等。

②延时配送带来的责任风险——对物流及时性的挑战。

在准时制生产原则的要求下,物流企业延时配送往往导致客户索赔。从实践中可以看出,客户索赔的依据大多是物流服务协议。也就是说,此时物流企业承担的是违约赔偿责任。

③错发错运带来的责任风险——对物流准确性的挑战。

有些时候,物流企业因种种原因导致分拨路径发生错误,致使货物错发错运,由此给客户带来损失。一般而言,错发错运往往是由于手工制单字迹模糊、信息系统程序出错、操作人员马虎等原因造成的。由此给客户带来的损失属于法律上的侵权责任。但同时,物流服务协议中往往还约定有"准配送条款",因此客户也可以依据该条款的约定提出索赔。此时便存在侵权责任和违约责任的竞合。《中华人民共和国合同法》规定当事人享有提起侵权责任之诉或违约责任之诉的选择权。

(2)与分包商之间可能产生的风险。

①传递性风险。

传递性风险是指物流企业能否通过分包协议把全部风险有效传递给分包商的风险。例如,物流企业与客户签订的协议规定赔偿责任限额为每件500元,但物流企业与分包商签订的协议却规定赔偿责任限额为每件100元,差额部分则由物流企业买单。在这里,物流企业对分包环节造成的货损并没有过错,但依据合同不得不承担差额部分的赔偿责任。由于目前铁路、民航、邮政等公用企业对赔偿责任限额普遍规定较低,因此物流企业选择由公用企业部门分包时将面临不能有效传递的风险。

②诈骗风险。

资质差的分包商,尤其是一些缺乏诚实信用的个体户运输业者配载货物后,有时会发生因诈骗而致货物失踪的风险。

(3)与社会公众之间可能产生的责任风险。

①环境污染风险。

物流活动中的环境污染主要表现为交通拥堵、机动车排放尾气、噪声等。根据《中华人民共和国环境保护法》,污染者需要对不特定的社会公众承担相应的法律责任。

②交通肇事风险。

运输驾驶员在运输货物的过程中发生交通肇事,属于履行职务的行为,其民事责任应该由其所属的物流企业承担。

③危险品泄漏风险。

危险品物流有泄漏的风险,随时会给社会公众的生命财产安全带来威胁,这一点值得从事危险品物流的企业警惕。

2)物流客户风险的防范对策

面临风险的猖狂和索赔的烦恼,保险不失为一种有效的风险防范机制。因此,现代物流诞生伊始,保险就得到了物流企业的青睐。

一般而言,风险的估算要参考两个指数,即发生的概率和损失的严重程度。发生损失的概率越高,造成损失的程度越严重,风险也就越大。企业应该系统地研究面临的不同风险类型,并采取相应的风险应对策略。风险应对策略可以从降低风险发生的概率和减少风险造成的损失两个方面入手,前者包括放弃和管理,后者包括自留和转嫁(保险)。

具体防范对策按照企业的风险类型可以分为以下四种情况:

(1)风险最小类型,即发生的概率很低,造成的损失也很小。

这种类型的风险一般很少发生。如某物流公司每天按照固定的路线为某超市供货,由于公司没有充分预计到高考时可能造成的车辆拥堵和临时交通管制,结果高考当天发生配送延误达两个小时,按照合同约定应向超市赔偿单票物流费用5%的违约金。一般来说,这种风险发生的概率很低,造成的损失也不大,因此这种类型的风险不具有保险的经济性。在实践中,大多数企业会选择风险自留的方式。所谓风险自留,就是由企业自己来承担风险。

自留风险的可行程度,取决于损失预测的准确性和补偿损失的适当安排。

(2)风险较小类型,即发生的概率很高,但造成的损失很小。

这种类型的风险可以形象地概括为"大事不犯、小事不断"。"大事不犯"说明损失一般不会太大,"小事不断"则说明损失发生的概率很高。现实中,恰恰是这种类型的风险让物流公司颇感头痛。

由于损失发生的概率很高保险公司便有可能无利可图,故实践中大多数保险公司不愿提供这种类型的保险。又由于造成的损失很小,因此物流公司自留风险成为可能。另外,即便一些保险公司愿意提供这种保险,其费率必定是昂贵的。所以,购买保险往往是不经济的,物流公司也只有通过自留的方式来应对风险。在实践中,因为野蛮装卸、内部人偷盗等行为导致的货物损失风险就属于这种类型。

虽然这种类型的风险造成的单次损失并不大,但较高的发生概率造成的累计损失也将使物流公司难以承受,因此物流公司陷入了两难困境。很多物流公司抱怨保险公司提供这种类型保险时索要了过高的保险费率,而保险公司却又抱怨物流公司的管理水平差、发生风险多导致其无利可图。

其实这种"大事不犯、小事不断"的风险,大多属于人为因素导致的风险,通过有效地管理完全可以降低风险发生的概率。因此,建议这种类型风险的应对策略是:管理加自留,即首先通过有效的管理降低风险发生的概率,使风险的类型转化为风险最小型,然后通过自留的方式规避风险。

(3)风险较大类型,即发生的概率很低,但造成的损失很大。

这是传统保险可以承保的风险类型。由于发生的概率很低,保险便具有了可行性,又由于造成损失很大,故成就了保险的必要性。物流企业在从事业务运营过程中,不可避免地面临着自然灾害、意外事故等不可抗力的威胁。这种风险发生的概率很低,但是一旦发生足以让物流公司倾家荡产。保险的功能就在于有效分散风险,最大限度地降低被保险人的损失。对于较大类型的风险,物流企业应该采取保险的策略予以转嫁。

(4)风险量大类型,即发生的概率很高,造成的损失也很大。

这种类型的风险一般不会发生。举一个极端的例子,在道路状况不良、天气环境恶劣、驾驶员技术水平不高的情况下,物流企业承运一批价值连城的玻璃制艺术品时所面临的风险就属于这种类型。此时,理性的物流企业可能会采取放弃的方法来应对风险。放弃不失为规避风险的一个有效途径,但其机会成本却是可能获得的高额收益。另外,放弃固然可以避免一些风险,但难免又会遇到其他风险。可以说,放弃仅仅是一种消极的风险应对策略。

当放弃的机会成本足够高时,物流企业总可以通过提高管理水平的方法降低货物发生损失的概率。如前例,选择空运、高价雇佣一名技术娴熟的驾驶员或者给玻璃艺术品进行安全包装等,这些管理方法足以降低损失发生的概率。因此,应对这种风险的最佳策略是管理加保险,即通过有效的管理降低损失发生的概率,使风险的类型转化为风险较大型,然后通过保险的方式转嫁风险。

3)物流保险建议

(1)与托运人之间产生的风险可以通过投保《物流责任保险》解决。除此之外,还可以根据自身风险情况,附加盗窃责任保险、提货不着责任保险、冷藏货物责任保险、错发错运费用损失保险、流通加工和包装责任保险等。

(2)与分包商之间产生的传递性风险固然可以通过保险予以转嫁,但这种情况属于风险较小类型,企业选择投保是不经济的,因此,建议在签订分包合同时尽量保持责任限额的一致性。另外,通过选择分包商以及加强管理等方式降低这类风险的出险概率。

(3)至于诈骗风险,可以投保信用保证保险,即保险公司对分包商的信用承担保险责任。一旦发生诈骗风险,物流企业可以从保险公司受偿。

(4)发生环境污染事故往往责任巨大,一般保险产品均做责任免除处理。物流公司应该采取相应的技术措施降低污染发生的概率和可能造成的损害。

(5)道路交通肇事风险可以投保机动车第三者责任保险,转嫁因交通事故需向第三者承担的民事赔偿责任。此种情况适用于配送业务量较大的物流公司。

(6)危险品责任风险可以单独投保道路危险货物承运人责任保险,也可以投保物流责任保险附加危险货物第三者责任保险。

4. 技能训练准备

(1)学生每5人为一个小组,每个小组选一名组长;
(2)卡片若干张;
(3)教师现场指导;
(4)训练时间安排:2学时。

5. 技能训练步骤

(1)以每位学生为单位,在卡片上写出物流企业客户风险有哪些;
(2)各组通过卡片问询法,总结出应对客户风险的方法;
(3)以组为单位完成物流客户风险防范具体措施的确定;
(4)每组派一位代表陈述结果。

6. 技能训练注意事项

(1)一丝不苟,认真填写卡片;
(2)卡片汇总后要进行归类;
(3)调研内容确定要有依据,要准确。

二 思考练习

1. 简答题

(1)什么是物流客户风险?
(2)简述物流客户风险有哪些?
(3)物流客户风险类型有哪些?
(4)试述物流客户风险有哪些防范措施?

2. 案例分析

安得物流公司的应收款管理案例

脱胎于美的集团的安得物流公司是国内最早开展现代物流集成化管理的第三方物流企业之一,2002年的销售额将近3亿元,在同行中名列前茅。在销售收入快速增长的同时,应收账款和财务风险也相应提高,该公司强化应收账款的管理。

物流企业只能赊销。"物流企业就像酒楼饭店一样,都是先提供服务后结账,只不过物流企业结账的周期比饭店长很多。"安得物流公司财务部部长李少平强调这个行业的特殊性如下。

"现在,厂商从采购环节节省成本的空间也越来越小,大家都听说物流是企业成本管理中最后一个利润源泉,便纷纷向物流供应商要利润,这个行业的利润空间已经不如别人想象的那么丰厚了。我们作为物流集成商,一方面要及时向上游的实际操作物流的供应商比如运输公司支付账款,另一方面却要给客户放账,一般都要三个月,一个公司的年销售额如果做到3亿元,差不多就要8000万元的流动资金,利息负担是很重的"。

李少平指出,物流企业经营者只有强化应收款管理,最大限度地降低坏账风险,企业才能健康发展。应收款管理比销售还重要,起码与销售同样重要。

三道防火墙预防坏账。安得物流公司虽然一直以来非常重视应收账款的风险控制,但作为一家只有三年历史的企业天然就有先做大规模做出影响的压力和动力,为了做大规模,以前还是比较追求营业额的增长,风险也因此加大。不过,公司进一步强化了应收款的风险控制,严格推行经过自己近三年摸索而形成的一整套的信用管理体系,这套信用管理体系的核心就是客户评审制度。

一是事前评估。各分公司的业务部门在开拓新客户的时候,必须对客户进行信用调查,了解一个潜在客户相关的信用资料并认为值得与其合作且风险在可控的范围内之后,才会进一步商谈合作的意向和合作的具体条款。然后通过公司规定的合同审批流程,各部门在明确的职责范围内对合同和客户进行综合评审。其中运营部将从收益的角度对合同的价格、毛利率等进行评估,如果认为没问题,运营部部长签字确认。第二步交由财务部审查,主要是评估回款周期是否合理,如果没问题,由财务部部长签字确认后交给支持部进行下一个环节的审查,这就是法律风险评估,主要审查合同条款有没有法律陷阱,是否公平,万一不能合作后,退出的风险和退出成本有多高,例如余款和押金怎么收等。这个环节如果没问题,由部长签字确认后交给主管副总经理审查,没问题才由总经理审查。三个部的部长和两位正副总经理共同组成合同管理委员会,对于合同都是一票否决,就是任何一个委员否决,都无法签合同,除非重新与客户沟通,争取调整相应条款以使公司的利益和风险得到最大的保障。

二是事中评估。一般是在合同执行三四个月后进行,通过各部门组织的跨部门评估小组对该客户进行综合评估,对于价格偏低导致毛利贡献不理想的客户,安得物流公司就会一方面检讨自己成本控制是否有效,另一方面对于确实没有合理毛利贡献的客户,就果断停止合作。在合同执行过程中,财务部门根据客户的业务量和信用情况授予一定的信用额度,并随时对客户信用情况给予监控。如果应收款达到这个额度而客户没有及时付款,就必须督促客户付款并停止向该客户提供物流服务。为保险起见,在合同执行的过程中,财务部门每周都会以内部催款通知书的形式,通知客户经理和分公司的负责人负责的客户的欠款和信用状况,并提醒重点关注接近信用限度的客户的动态和经营状况。

三是事后跟踪。在应收账款的管理上,美的集团内部考核所规定的较高的坏账准备金提取率,也迫使经营人员和财务人员尽量防患于未然。按照美的坏账管理制度,业务发生超过三个月尚未收回的应收款就算逾期账款,需要提取30%坏账准备金,预期6个月的坏账准备金提取率高达50%,也是最高的提取率,预期9个月以上,就算是死账。同时,美的集团内部设有财务中心,属下各级法人机构钱款的进出必须经过财务中心,如果像安得物流公司这样的下属机构出现逾期账款,财务中心也会向其管理层施加压力,要求尽快追款。

培养挑客户的能力。现在市场竞争这么激烈,一般都是买方占主导,如果没有很强的实力也不敢对客户挑三拣四。李少平说,企业存在的目的就是为了利润和为股东带来最大的回报,当然应该挑选那些能为企业带来利润的客户。通过推行信用管理体系,安得物流公司不断调整客户结构,放弃那些信用不好的客户或者比较小的客户,客户的总数已经由最高峰时的120家降到现在的50家,但这些客户都是比较优质的客户,其中包括美的、TCL、康佳等国内家电巨头和东芝、LG、伊莱克斯等国际巨头,所以业务量还是持续增长的,尽管增长的幅度下降了。这样做的最大好处就是应收款回笼的周期由原来的90多天缩短到75天,这意味着占用资金的减少、利息和风险的降低,也就是利润的提高,公司的经营将更稳健、更具备持续发展的能力。

李少平认为,就算是买方市场,买方仍需要优秀的物流供应商为其服务,尤其是现代第三方物流企业与客户的关系已经不是简单的买卖关系,而是长期的合作伙伴关系,甚至是战略合作伙伴关系。第三方物流企业只要提高自己的竞争力,就可以提高与买方谈判的能力,在客户评审的应收账款风险方面,就会比较主动。

问题:

通过实例分析物流企业客户风险的利害,该如何规避?

任务四 物流客户信用评价与实施

(1)举例说明物流客户信用管理的各项目标;
(2)对物流企业的客户信用进行评价并确定等级。

可采用讲授、情境教学、案例教学和分组讨论等方法。

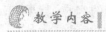

一 物流客户信用评估与实施的内容

1. 情境设置

在企业信用管理过程中,事前控制的关键是通过对客户的信用分析确定信用级别进行授信。准确的信用评估可以有效地帮助企业降低风险,大幅度地降低事后信用管理的成本。但在联邦快递(中国)有限公司中目前尚没有一套完整的客户信用评价方法,各种原因产生的坏账、应收账款的拖欠给企业带来了巨大的损失。请以国际快递企业为研究对象,对其客户进行信用评价,并提出有效的适合国际快递业的信用评价方法。

2. 技能训练目标

能够根据物流企业实际状况,对其客户提出有效的信用评价方法。

3. 相关理论知识

客户信用评价,通俗地理解就是要回答企业与某个特定客户能够做多大生意以及怎么做这笔生意的问题。在一间小杂货店里,我们可以采购一些小食品或日用品,这是一种简单的现金交易;如果你是这间小杂货店的某种商品的供应商,而杂货店老板要求先供货后付款,你是否可以答应他的条件?而你一次最大能够给这间小杂货店提供多少金额的货物?最长的付款时间是多久?信用评估就是指通过对客户资料的分析,赋予客户不同的信用等级,根据信用等级计算出信用额度、账期等具体指标,作为进行信用控制的依据。

1) 物流客户信用管理的目标

(1) 降低赊销风险,减少坏账损失。

如果说物流企业的销售部门追求销售额的最大化,财务部门关注资金回笼的最大化,那么信用管理部门则需要在两者之间找到平衡点,以实现物流企业利润最大化。信用管理要预计赊销的风险,控制信用的额度与方式,跟踪信用的执行情况,评价客户的信用状况,将物流企业应收账款控制在合理的持有水平。

(2) 降低销售变现天数,加快流动资金周转。

销售变现天数(Days Sales Outstanding, DSO)是西方企业衡量赊销工作最重要的指标。DSO指标表现了企业的平均收账期,即把赊销收入转化为现金所需的时间,是企业衡量应收账款水平的重要指标。信用管理的重要职责就是将DSO控制在一个合理的水平,减少应收账款对资金的占用,减少利息成本,以加快流动资金的周转。

企业可以通过扩大应收账款来刺激销售,从而减少存货。但是如果应收账款不能收回,价值增值仍然无法实现。同时,这个转换机制还必须是迅速的,只有迅速地转换,企业才能获得更多的利润,提升竞争地位。

2) 物流客户信用调查

(1) 物流客户信用调查的时机。

在出现下列情况时,需要对客户进行信用调查。

① 与新客户进行第一次交易时。预防胜过治疗,业务人员为了预防、避免销售后货款回收困难,造成呆账、坏账,在推销之前就要对客户各方面的情况,如销售能力、付款能力、经济实力等进行了解和分析,以判断客户是否具有交易、开发的价值。

② 流传客户经营形势不好时。流言的出现一定有某种根据,不能忽视,业务人员必须从多方面进行了解。

③ 客户的订单骤增或骤减,特别是客户大量进货时。当客户进货超过信用额度时,业务人员就要考虑这极可能是危险的交易,必须对客户进行信用调查。

④ 客户要求授信,或老客户的资料超过一年,或客户改变交易方式时,也应对客户的信用情况进行调查。

⑤ 其他影响企业信用的异常情况。

客户本身的经营存在风险,作为供方应该定期对客户的情况进行调查,尽管是多年合作的老客户,也必须了解客户交易量变化的原因。另外,对于客户的重大事件,必须及时跟踪。

(2)物流客户信用变化。

客户的信用状况是不断变化的,因此对客户的信用调查也要经常进行。业务员要及时了解客户的信用变化情况,以便及早发现问题,进行处理。客户的信用变化主要表现在以下几个方面。

①付款变化包括:延迟付款期限;付款日期经常变更;由现金变为票据;付款的银行改变;小额付款很干脆,而大额付款常拖延;在付款日期,负责人不在;不按清款支付;要求取消保证金。

②采购的变化包括:采购进货厂商急速改变;订货额突然减少;原本向竞争企业的采购额全部转移到本公司;没有订货;要求迅速出货;毫无理由地突然增加订货额。

③营业上的变化包括:销售情形突然恶化;销售对象破产;销售对象大量退货;突然开始大量倾销;开始销售毫无关联的产品;库存量锐增或锐减。

④员工的变化包括:不断有人辞职;多数人抱怨不断;发生相当金额的透支;员工无精打采,工作态度恶劣。

⑤经营者的变化包括:插手毫不相干的业务;吹牛自夸。

(3)物流客户信用调查的内容。

对客户进行信用调查时,由于交易性质不同、金额大小有异,调查在内容上、程度上也各有不同。业务人员要了解的内容主要包括客户的品格、客户的能力、企业资本、担保品和企业情况等多个方面。

3)物流客户信用评价

业务人员要定期对客户进行信用评价,可以根据实际情况把客户分为 A、B、C、D 四级。A 级客户是最好的客户,B 级次之,C 级一般,D 级最差。同时,根据信用评价结果确定销售政策。例如,对初评获得 C、D 信用等级的客户,是否进行信用调查需要根据企业的信用政策决定。如实行保守的信用政策,则无须进行信用调查,信用申请不予批准;如实行积极的信用政策,则需要进行信用调查,在充分了解风险后,决定是否核准信用申请。

(1)客户信用评价的依据。

信用评价主要依据回款率(应收账款)、支付能力(还款能力)、经营同行业竞争品牌情况等指标来确定。

①回款率。回款率(应收账款)对不同企业可以有不同的规定。例如,双汇集团规定 A 级客户的回款率必须达到 100%。如果回款率低于 100%,则信用等级相应降低。评价期内低于 5% 的,则降为 C 级或 D 级。

②支付能力。有些客户尽管汇款率高,但由于支付能力(还款能力)有限而必须降低信用等级。如某企业一客户尽管不欠本公司的货款,但由于欠其他公司的货款达几百万元,以致其他公司将该客户起诉至法院,该客户银行账户被冻结,已无支付能力,这样的客户最多只能认定为 C 级客户。以下三个方面可用于对客户支付能力的考查。

a. 客户资产负债率。如果客户的资产主要是靠贷款和欠款形成,则资产负债率较高,信用自然降低。

b. 客户的经营能力。如果客户的经营能力差,长期亏损,则支付能力必然降低。

c. 是否有风险性经营项目。如果客户投资于一些占压资金多、风险性大、投资周期长的项目,则信用等级自然下降。

③经营同行业竞争品牌情况。如果客户以本公司的产品为主,则信用等级较高;如果客户将本公司的产品与其他企业的产品同等对待,则信用等级降低;如果客户不以本公司的产品为主,本企业的产品仅是辅助经营项目,或者仅仅是起到配货作用,则信用等级更低。

上述三项指标中,以信用等级最低的一项为该客户的信用等级。

(2)信用评价参考条件。

除了依据以上三项主要因素进行信用等级评价外,还需要根据客户执行公司销售政策、送货与服务功能、不良记录等多个因素对信用等级信息进行修正。

①送货的服务功能。如果客户能够对下级客户开展送货或服务,则控制市场的能力大大增强,信用等级也相应增强;相反,则信用等级降低。

②执行公司销售政策的情况。如果客户未能很好地执行公司的销售政策,如经常窜货、低价倾销,则信用等级要大大下降。

③不良记录。以上各因素中,如果客户曾有过不良记录,如曾经欠款不还,无论是针对本公司还是针对其他公司的,信用等级都要降低。

企业在对客户进行信用评价时,千万注意不要仅以企业规模评定客户信用。

(3)利用信用等级对客户货款进行控制。

信用评价不是最终目的,最终目的是利用信用等级对客户进行管理。企业要针对不同信用等级的客户采用不同的销售管理政策。

①对于A级客户,在客户资金周转偶尔有一定的困难,或旺季进货量大、资金不足时,可以有一定的赊销额度和回款限期。但赊销额度以不超过一次进货量贷款为限,回款宽限期可根据实际情况确定。

②对于B级客户,一般要求现款现货。但在处理现款现货时,应该讲究艺术性,不要过分机械,不要让客户难堪。应该在摸清客户确实准备货款或准备付款的情况下,再通知公司发货。

③对于C级客户,一般要求先款后货;而对其中一些有问题的客户,坚决要求先款后货,丝毫不退让,并且要想好一旦这个客户破产倒闭后在该区域市场的补救措施。C级客户不应列为公司的主要客户,应逐步以信用良好、经营实力强的客户取而代之。

④对于D级客户,坚决要求先款后货,并在追回货款的情况下逐步淘汰此类客户。

(4)客户信用评价应注意的问题。

在进行客户信用评价时应注意以下问题:

①对客户的信用评价应该是动态进行的。客户的信用是不断变化的,有的客户信用在上升,有的在下降。如果不对客户的信用状况进行动态评价,并根据评价结果及时调整销售政策,就可能由于没有对信用上升的客户采取宽松的政策而导致客户不满,也可能由于没有发现客户信用下降而导致货款回收困难。有的企业规定,客户的信用评价每月进行一次,时间最长也不能超过两个月一次。业务员对客户的信用评价结果必须及时上报办事处主任、销售公司业务主管。

②新客户的信用评价。第一次交易的客户,其信用一般按C级客户对待,实行先款后货,待经过多次交往,对客户信用状况有较多了解(一般不少于三个月)之后,再按正常的信用评价方式评价。需要注意的是,要谨防一些异常狡猾的骗子,头几笔生意故意装得诚实可信,待取得信任后再开始行骗。

③信用评价信息来源。评价客户的信息从哪里来是困扰一些业务员的问题,要获得这些信息,业务人员需要做好以下三项工作:

一是做好客户交易记录,对每笔业务往来都要详细地记录。

二是多与客户的会计、保管、业务员、供应商接触,在与他们的接触中能够获得有关客户经营、信用方面的大量信息。

三是在获取的大量信息中,对有些互相矛盾的信息,去伪存真、去粗取精,保证信息的真实、准确、可靠。

4)确定客户信用等级的方法

(1)根据收益与风险对等的原则确定。

根据收益与风险对等的原则确定给予某一客户的信用额度,也就是根据某一客户的预计全年购货量和该产品的边际贡献率测算企业从该客户处可获取的收益额,以该收益额作为每次客户的赊购限额,前账不清,后账不赊。

(2)根据客户运营资本净额的一定比例确定。

根据客户运营资本净额的一定比例确定,即周转资产分割法。信用额度=周转资产(流动资金-流动负债)÷供商个数。客户在一定的生产经营规模下,其流动资产减去流动负债后的营运资本净额也是大致稳定的。运营资本净额可看做是新兴债务的偿付来源,因此企业可以根据客户的运营资金规模,考虑客户从本企业购货的比重,确定以客户营运资本净额的一定比例作为本企业对客户的信用额度。

(3)根据客户清算价值的一定比例确定。

根据客户清算价值的一定比例确定,即净资产分割法。信用额度=清算价值(资产-负债)÷供货商个数。清算价值是客户因无力偿债或其他原因进行破产清算时的资产变现价值。清算价值体现了客户偿债的最后保证。如果客户的清算价值减去现有负债后尚有剩余,企业可以向该客户提供信用,信用的额度可按照清算的价值的一定比例确定。

(4)销售额测定法。

销售额测定法的计算公式为:

信用额度=客户的总购入额(预计销售额×成本率)×本公司供货比率×信用期限

(5)综合判断法。

根据客户的收益性、安全性、流动性、销售能力、购货情况和员工素质等,综合确定一个大致的信用限度额,然后再根据支付状况和交易额的大小,适当地逐步提高信用限度。

5)对不同客户信用限度的确定

(1)根据实际情况,划分出不同的信用限度。如前所述的A、B、C三类客户,对于A类客户,其信用限度可以不受限制;对于B类客户,可先确定一个信用限度基数,以后再逐渐放宽限制;而对于C类客户,则应仔细审核,适当给予少量的信用限度。

(2)对不同客户确定的信用限度不是一成不变的,应随着实际情况的变化而有所改变。

(3)可先确定一个最高限额,然后因不同客户设定不同的信用限度。
(4)推销员所辖客户要求超过规定的信用限度时,必须向业务经理乃至总经理汇报并请示批准。

4. 技能训练准备
(1)学生每5人为一个小组,每个小组选一名组长;
(2)卡片若干张;
(3)教师现场指导;
(4)训练时间安排:2学时。

5. 技能训练步骤
(1)以每位学生为单位,在卡片上写出物流客户信用评价的方法;
(2)各组通过卡片问询法,确定适合该物流企业的客户信用评价方法;
(3)以组为单位完成物流企业客户信用评价方法的确定;
(4)每组派一位代表陈述结果。

6. 技能训练注意事项
(1)一丝不苟,认真填写卡片;
(2)卡片汇总后要进行归类;
(3)调研内容的确定要有依据、要准确。

二 思考练习

1. 简答题
(1)物流客户信用管理的目标是如何制订的?
(2)物流客户信用应从哪些方面调查?
(3)对物流客户的信用应从哪几个方面进行评价?
(4)确定物流客户信用等级的方法有哪些?

2. 实训题
建立一个以你的同学为客户的客户档案,同时进行客户信用评价。

参 考 文 献

[1] 李雅芬,郑磊.物流客户服务业务管理模块与岗位操作流程[M].北京:中国经济出版社,2005.
[2] 王波.客户服务管理工作细化执行与模板[M].北京:人民邮电出版社,2008.
[3] 王淑娟,吴蔚,万立军.物流客户关系管理与服务[M].北京:清华大学出版社,2011.
[4] 霍佳震,周敏.物流绩效管理[M].北京:清华大学出版社,2009.
[5] 李光明,李伟萁.客户管理实务[M].北京:清华大学出版社.2009.
[6] 曾益坤,庞德义.物流客户服务[M].北京:电子工业出版社,2011.
[7] 董千里,陈树公.物流市场营销学[M].北京:电子工业出版社,2005.
[8] 李文龙,李玲,徐湘江.客户关系管理实务[M].北京:清华大学出版社,2010.
[9] 现代物流管理课题组.物流客户管理[M].广州:广东经济出版社,2002.
[10] 现代物流管理课题组.物流服务管理[M].广州:广东经济出版社,2002.
[11] 曲建科.物流市场营销[M].北京:电子工业出版社,2009.
[12] 梁军,沈文天.物流服务营销[M].北京:清华大学出版社,北京交通大学出版社,2009.
[13] 刘红一.服务营销理论与实务[M].北京:清华大学出版社,2009.